高校劳动教育理论与实践研究

王文婷 ◎ 著

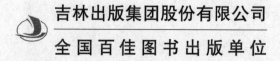

吉林出版集团股份有限公司

全国百佳图书出版单位

图书在版编目（CIP）数据

高校劳动教育理论与实践研究 / 王文婷著. -- 长春:
吉林出版集团股份有限公司，2022.7
ISBN 978-7-5731-1570-6

Ⅰ. ①高… Ⅱ. ①王… Ⅲ. ①高等学校－劳动教育－
研究－中国 Ⅳ. ①G40-015

中国版本图书馆CIP数据核字(2022)第094598号

GAOXIAO LAODONG JIAOYU LILUN YU SHIJIAN YANJIU

高校劳动教育理论与实践研究

著　者	王文婷
责任编辑	张婷婷
装帧设计	朱秋丽
出　版	吉林出版集团股份有限公司
发　行	吉林出版集团青少年书刊发行有限公司
地　址	吉林省长春市福祉大路 5788 号（130118）
电　话	0431-81629808
印　刷	北京昌联印刷有限公司
版　次	2022 年 7 月第 1 版
印　次	2022 年 7 月第 1 次印刷
开　本	787 mm×1092 mm　1/16
印　张	10. 25
字　数	200 千字
书　号	ISBN 978-7-5731-1570-6
定　价	58.00元

前　言

当今我国正处于"新时代复兴之路"的高速轨道上，时代使命迫切要求我国加快实现人口大国向人力资源强国的转型步伐，而其中具有实干精神和创新能力的新时代高素质人才是人力资源优势的根本。大学生是中国特色社会主义事业赓续发展的接班人，是社会主义现代化建设的生力军和主力军。在此背景下，抓好新时代高校大学生的劳动教育成为高等教育内涵式发展的重要课题之一。

新时代高校劳动教育的开展，在理论层面上，是对马克思主义劳动观内容的丰富，也是对中国勤劳文化的传承以及对劳动育人导向的发扬；在实践层面上，是培养担当民族复兴大任新人的必然选择、践行社会主义核心价值观的重要途径和落实高校立德树人根本任务的必要环节。要解决当前高校劳动教育现状中存在的难题，可以从劳动教育渗透于思政课程、专业课程、通识课程与实践课程四个落脚点出发，充分发挥劳动教育的时代育人价值，与高校课程协同培育时代新人。高校应在五育并举措施下持之以恒开展和创新劳动教育，促进大学生形成正确的劳动价值观、养成良好的劳动习惯、熟练掌握劳动技能，成为主动适应新时代复杂劳动形势的高素质人才。

本书首先介绍了高校劳动教育理论，然后阐述了高校劳动教育模式、高校劳动教育的主要内容以及高校劳动教育的创新，最后探讨了新时代背景下大学生劳动教育的条件保障等相关内容。

另外，本书在撰写的过程中参考了一些专家的学术成果，在此对相关作者表示感谢。由于本人水平有限，时间仓促，书中不足之处在所难免，望各位读者、专家不吝赐教。

目　录

第一章 高校劳动教育理论

第一节 高校劳动教育的困境

新时代对高等教育"培养什么人""为谁培养人""怎样培养人"提出了更高的使命要求，实行劳动教育是其中之一。目前，我国高校劳动教育存在重视程度不够、教学内容碎片化、教学手段简单化、学生自觉性不高等问题。因此，必须通过转变高校劳动教育的理念、优化劳动教育体系、建立健全的劳动教育统筹协调机制和劳动教育的长效机制等措施，引导大学生树立正确的劳动价值观，为实现中华民族伟大复兴的中国梦培养优秀的人才。

一、问题的提出

我国已进入中国特色社会主义新时代，对高等教育"培养什么人""为谁培养人""怎样培养人"提出了更高的人才培养要求。劳动对社会的生存发展具有基础性的作用，实行劳动教育可以丰富新时代党的教育方针，完善课程体系，优化人才培养体系，这对大学生健康成长、全面发展具有非常重要的意义。为此，2018年9月的全国教育大会上提出"坚持中国特色社会主义教育发展道路，培养德智体美劳全面发展的社会主义建设者和接班人"。首次将劳动教育提升为"五育"内容之一，为中国特色社会主义教育带来了新的历史性的突破。2019年1月，全国教育工作会议上也提出要加强立德树人，狠抓劳动教育。2020年3月，中共中央、国务院印发的《关于全面加强新时代大中小学劳动教育的意见》充分肯定了劳动教育对于新时代的重要意义，构建五育全面培养的教育体系。

劳动教育，既是教育问题，更关系国家发展。高等学校作为大学生思政教育的引领者、管理者和实施者，理应对其加强劳动教育，高校应将劳动教育作为大学生的必修课之一，引导学生培养劳动热情，做到热爱劳动、积极参加劳动，树立劳动自豪意识，为党和国家事业发展储备人才资源。

二、新时代高校加强劳动教育的重要意义

加强劳动教育，引导大学生勤奋劳动，肯于劳动、善于劳动，尊重劳动者劳动成果，对于传承劳动美德，涵养大学生劳动品格，培育会劳动、爱劳动的社会主义合格建设者具有重要意义。

（一）为实现中华民族伟大复兴育才

中国梦是民族的、国家的，也是每一位华夏儿女的。正是靠着无数炎黄子孙、仁人志士踏石留印、抓铁有痕的实干躬行，中华民族才在风雨飘摇中走过了自强、求富、圆梦、复兴的历程。国家富强、民族振兴、人民幸福是中国梦最本质的要求，中国梦的实现需要一代代青年的接力奋斗，需要青年一代用诚实劳动、辛勤劳动和创造性劳动去破解各种难题，让劳动教育成为大学生奋发努力的重要推手。因此，在新时代对大学生加强劳动教育有利于实现中华民族伟大复兴的中国梦。

（二）为落实立德树人的根本任务固本

立德树人是育人的根本任务。劳动教育，是全面落实立德树人任务的首要切入点。劳动教育"具有树德、增智、强体、育美的综合育人价值"。一个人要想全面发展，不仅需要依靠科学文化知识教育、道德品质教育、体育和美术教育，更需要依赖高程度的劳动教育，才能成为有教养、有文化、有道德的优秀人才。所以，必须把劳动作为育人载体，在高校推行劳动教育，这对于提高学生品行、增加智慧、强身健体和修身养性大有裨益，有助于大学生全面成长，有助于实现立德树人根本任务。

（三）为增进大学生的全面发展助力

十年树木，百年树人。加强劳动教育，对于大学生劳动精神的培育，劳动价值观的内化，劳动习惯的塑造，劳动技能的培养大有裨益，这不仅能帮助学生培养高度的社会责任感，还能有家国情怀，实现人生价值；通过劳动价值观的学习，强健体魄、磨炼意志，形成健全完善的人格，有助于培育践行社会主义核心价值观，使大学生成为自由、充实、全面、和谐和德智体美劳全面发展的有思想有觉悟的劳动者。

三、高校劳动教育存在的问题

（一）高校对劳动教育重视不够

高校劳动教育存在地位虚置的弊端。当下劳动教育仅被少量高校纳入教学计划，制订了劳动教育方案，但在更多的高校，劳动教育在实际的教育教学中被"暗藏"在其他

四育中，劳动教育往往被泛化为社会实践或转化为思想道德教育，缺乏独立性，教育效果不佳。

高校劳动教育的投入严重不足。很多高校缺乏具有专业理论功底、专门从事劳动教育的专职教师，仅仅依靠其他学科的教师或聘请社会专业人士辅助教学，大大弱化了劳动教育的效果；劳动教育的硬件设施和软件配置也较为薄弱，更多种类的劳动体验场地和更完善先进的劳动设施的匮乏使得高校劳动教育容易流于形式，缺少实质性的教育内容，劳动教育难以达到应有效果。

高校劳动教育的评价标准相对匮乏。在大学生的综合素质测评中，有关劳动素养的评价标准难觅其踪。劳动教育评价等级认定在实质性上存在缺憾，拘泥于分数，评价方式简单、缺乏可操作性，缺少将劳动情感认同度、劳动意志内化度、劳动行为稳定性纳入评价体系的做法，更缺乏对学生自我服务生活劳动的评价，难以实现劳动育人的目的。

（二）高校劳动教育内容与手段简单化、碎片化

对于劳动价值观教育的地位认知不清。因为劳动技能方面的教育具有周期短、见效快、外显性强等特点，更容易达到提升就业率的要求，故而当前高校在这方面下了大力气，忽视了有关劳动价值观的教育，具有浓重的功利主义色彩。老师在进行劳动价值观教育教学过程中，对劳动幸福观、劳动平等观、劳动使命观和劳动伟大观的认知不足，容易让学生产生思想偏离，定位失准，对塑造正确的劳动价值观极为不利。

劳动习惯教育持久性不够。一方面，大学生本人对劳动习惯的自我培养缺乏重视，生活条件好了安于享受，存在懒散和"各人自扫门前雪"的冷漠心态；另一方面，家长"以成绩论英雄""唯成绩论"的思想拒绝孩子参与家庭劳动，怕耽误学习时间的做法也使得孩子在家庭中劳动教育缺乏，四体不勤，五谷不分；再加上高校教育缺乏长效机制，要么寄托于专业实习，要么放任于社会实践，这些手段方式对劳动教育的重视不够，收效不大。

劳动技能教育不能推陈出新。技术教育和能力培养是劳动技能教育的一体两面，劳动技能教育应与时俱进，吐故纳新。但目前部分高校学生并不了解该专业前沿知识，劳动技术教育前景堪忧，劳动能力培养大多依赖于固定模式的实践活动或者实习实训，进行重复的简单体力劳动。久而久之，既阻碍了大学生创造能力的提高、主观能动性的培养，也妨碍了新时代创造性劳动者的缔造。再加上劳动教育方式落后，缺乏实践学习和榜样教育方式的互动与体验性，收效甚微。

（三）学生对劳动教育的自觉性不高

社会上受个体分工不平衡的认知、当下应试教育的氛围、当代独生子女独特的成长

环境以及功利主义价值观的影响，劳动教育无论在家庭、学校还是社会存在感都极低，这就使得青少年劳动意识淡薄，劳动能力低。"中国教育共同的毛病是教育脑力劳动者不动手操作，不教育体力劳动者动脑思考，所以什么能耐也没有。"中华民族尊重劳动热爱劳动的传统美德被遗忘，不爱劳动、不懂得尊重他人的劳动成果的现象比比皆是，劳动意愿亟待被激发。

（四）家长对劳动教育配合度不够

由于受传统观念影响，一方面，家长缺乏正确的劳动意识，存在轻视劳动的现象，选择体面的职业光宗耀祖是家长的期望，根本无从谈起如何对孩子进行正确的劳动教育；另一方面，现实的升学竞争压力，"分分分，学生的命根"的错误理念，使得多数家长不得不过分关注孩子的学习成绩，重智轻劳意识比比皆是。以初升高为例，民办与公办高中合起来的升学率在50%左右，剩余的50%的学生有部分能上职业中专，还有部分学生无学可上，残酷的现实逼迫家长代劳了本该属于孩子完成的劳动内容，如力所能及的洗衣做饭、打扫卫生、整理自身内务等。家长剥夺了孩子的劳动权，劳动意识培养自然无从谈起。正是家庭劳动教育的短板，给高校劳动教育的开展造成了一定困难。

四、新时代加强高校劳动教育的多维路径

（一）转变劳动教育的理念

理念决定方向。加强劳动教育首先要从转变理念入手。一方面要让学生充分认识劳动理论、劳动法规教育的重要性。要加强马克思主义经典理论对劳动、教育与生产劳动相结合原理的学习，研习马克思主义中国化的劳动教育成果，提高劳动理论素养。加强劳动法律法规的学习，学会用法律手段维护好自身合法权益。要引导大学生充分认识劳动对人的全面发展的重要性。另一方面，要确立劳动教育目标。首先，要培养学生的劳动观念，使广大青年学生树立"劳动最光荣、最崇高、最伟大"的劳动观念；其次，要引导学生明确劳动价值，遵循艰苦奋斗的劳动宗旨，端正劳动态度，始终怀揣一颗热爱劳动的心，认识到劳动对个人发展的重要性，将来能够做到爱岗敬业，无私奉献，成为对国家、社会有用的人；再次，要塑造大学生社会责任感和锐意创新的劳动精神，有大局意识，使个人理想、国家富强、民族复兴能够有效联系起来，紧跟时代步伐，为社会主义建设贡献力量；最后，要建立家校合作机制。要引导家长转变劳动教育理念，明晰劳动对学生成长成才、社会发展的重要意义，积极配合学校做好学生的劳动教育工作。家长要以身作则，勤奋劳动，树立爱劳动家风，把劳动视为责任、义务，成为孩子的学习榜样。家长要利用周末或假期，让孩子分担力所能及的劳动，将家庭劳动作为劳动教

育必不可少的组成部分，使得劳动教育生活化、常态化，让学生在劳动中体验播种的艰辛和收获的快乐。

（二）优化高校劳动教育体系

优化劳动教育体系需要加强跨学科的融合贯通，通过提升老师素质，加强技能教育，设置劳动必修课等多维抓手协同推进。一方面，要将劳动教育渗透到专业课理论课的教学过程，聘用理实兼具的专职教师，培养大学生劳动素养，使其形成劳动价值认同；另一方面，通过产教融合、校企合作、社会实践、实践基地教学、劳动竞赛、志愿者服务活动等形式，充分调动大学生的劳动热情、劳动兴趣，将劳动意识内化于心，外化于行，以期实现劳动教育在全过程、全员、全方位育人的目标宗旨。

（三）完善劳动教育协同机制

完善高校劳动教育协同机制涉及多元育人主体，即构建家庭、学校、社会共同支持的教育平台，形成劳动教育合力。首先，营造崇尚劳动的社会氛围。通过典型的示范作用，让大学生对奉献精神、工匠精神、劳模精神等铭记于心，使劳动最光荣、劳动最伟大、劳动最崇高、劳动最美丽的观念在全社会形成风气。其次，构建良好的校园文化。在校园文化中展现劳动教育内容，创造优质的校园环境，营造"劳动最光荣"的校园文化氛围，激发大学生参加劳动的热情。最后，倡导家庭劳动教育。家长要树立劳动和学习并重观念，让学生从小就承担力所能及的劳动，培养他们的劳动素质，积极培养其劳动意识和社会责任感。

（四）建立劳动教育的长效机制

加强劳动教育，就必须建立长效机制。首先，完善工作机制。通过加大资金投入、成立劳动教育相关部门、强化师资队伍建设等措施，促使劳动教育建立长效机制，既要保证劳动教育资金投入，满足劳动教育的软硬件要求，又要明确三全育人的劳动教育要求，协调优化劳动教学工作，保障劳动教育顺利开展。还要打造一支包括专职教师、优秀的劳动者、大国工匠等组成的专兼职教师队伍，增强劳动教育实效性。其次，要完善考核评价机制。考核评价机制要围绕劳动教育理论知识、实践知识开展，可以采用教育者和受教育者双向考评的形式，既评价劳动过程，又评价劳动结果，增强劳动教育的实效性，以此强化大学生劳动教育观念，促进高校劳动教育长效化、规范化和健康发展。

总之，开展高校劳动教育活动是一个长期的过程，需要多元主体协作，多项措施并举。需要强化劳动实践，建立长效机制。只有这样，才能真正实现劳动增长知识，提升技能，强健体魄，涵养品格的目的。也只有这样才能培养大学生的职业荣誉感和公共服务意识，形成正确的劳动价值观。

第二节　高校劳动教育的课程化

劳动教育对于培养社会主义建设者和接班人具有重要战略意义。2020年3月，中共中央国务院印发了《关于全面加强新时代大中小学劳动教育的意见》(以下简称《意见》)，提出"整体优化学校课程设置"，将劳动教育纳入普通高等学校人才培养方案，形成具有综合性、实践性、开放性、针对性的劳动教育课程体系。课程是高校劳动教育开展的现实载体，只有通过规范化、系统化的课程实施才能真正将劳动教育落实落地。2020年7月，教育部印发《大中小学劳动教育指导纲要（试行）》(以下简称《指导纲要》)，细化了《意见》中的有关要求，为高校劳动教育的课程化、规范化、体系化（以下简称"三化"）建设提供了专业指导。

一、劳动教育"三化"的必要性和可行性

（一）劳动教育"三化"的必要性

"从广义上讲，课程是由一定育人目标、基本'三化'成果及学习活动方式组成的用以指导学校育人的规划和引导学生认识世界、了解自己、提高自己的媒体"，它包括课内教学、课外活动、课后作业和社会实践。劳动教育课程化就是要以课程的方式和要求对劳动教育进行有目的、有计划的规划设计、过程管理、效果评价并形成相对稳定的教学制度和运行机制。规范化是保证课程目标实现和稳定运行的方式、程序的规制。劳动教育不是单一的知识教学，也不是简单的技能训练，而是劳动价值观（想不想、愿不愿）、劳动技能（会不会、能不能）和劳动习惯（能不能长期坚持，形成稳定一贯的劳动行为）的全面培养。体系化是学校课程的另一特征，在劳动教育上表现为理论课程与实践课程、专业实习（训）课程与劳动教育课程、家庭学校的日常生活性劳动教育与校外生产服务性劳动教育的结合与融合，以促进学生的知与行、说与做、内化（情感态度价值观）与外化（行为）、做一时与做一世的一致与统一。

1.高校劳动教育现状迫切需要劳动教育的"三化"

党和政府历来重视劳动教育的作用，在教育实践中不断探索劳动教育的实施方法，并取得了一定成效。但是"劳动教育工作还存在不同程度的价值矮化、机构虚化、内容窄化等问题"，尤其是高校有劳动无教育和有教育无劳动的问题同时存在。劳动活动不等于劳动教育，学生参加了劳动活动，但是不一定受到了良好的劳动教育。许多高校都

设置了劳动周或劳动月，组织学生进行卫生打扫、社会实践、专业实训或者志愿服务等劳动实践活动，但是这些活动大多存在劳动教育目标不明确、方式不规范、过程不可控、效果未检测等问题。因此，高校劳动育人过程中一个十分薄弱但是亟须加强的环节就是将劳动教育纳入人才培养全过程，加快推动劳动教育的"三化"，通过有目标、有计划、有要求、有组织、有指导、有反馈地安排学生参加劳动的学习与实践，使学生系统、全面地接受劳动教育。

2. "三化"是提升大学生劳动素养的必然要求

早在百年前，马克思、恩格斯就提出了"教育与生产劳动相结合"的重要观点，并强调劳动是实现人的体力和脑力全面发展的重要途径。《意见》明确指出劳动教育是学生成长的必要途径，直接决定社会主义建设者和接班人的劳动精神面貌、劳动价值取向和劳动技能水平，关系到人的全面发展。"新时代教育使命，首先是指中国特色社会主义教育性质决定中国教育的宗旨之一是培养有劳动素养的时代新人。"其中"'劳动价值观'是劳动素养的核心内涵"，而劳动观念常常是在劳动习惯养成过程中形成并通过现实劳动表现出来的，这就需要有目的、有计划地在全面系统的教育教学中培养大学生的劳动习惯，由行为习惯通过"合理化"的心理机制"内化"为热爱劳动、崇尚劳动的价值观。

3. "三化"是劳动教育可持续发展的必然要求

目前高校的劳动教育普遍缺乏顶层设计、前期引导、过程控制、教育反思和反馈评估等必要环节，呈现不规范、不系统、不全面、效果不如意等状态。劳动教育规范化和制度化不仅可以解决目前高校劳动教育存在的上述问题，而且能确保和促进劳动教育发挥长效育人机制，充分实现劳动在树德、增智、强体、育美的综合育人价值，培育一批又一批具备良好劳动素养的时代新人。

（二）劳动教育"三化"的可行性

2018 年 9 月，习近平总书记在全国教育大会上旗帜鲜明地提出"培养德智体美劳全面发展的社会主义建设者和接班人"，明确将劳动教育纳入教育方针。2020 年 3 月出台的《意见》对加强新时代劳动教育进行了整体设计，2020 年 7 月，教育部重点针对劳动教育是什么、教什么、怎么教等问题印发了《指导纲要》，为学校规范开展劳动教育和劳动教育课程提供了框架依据和操作指南。党和政府的高度重视是推进学校劳动教育"三化"最强大的动力、最重要的条件和最有力的保障，劳动教育的"三化"既是贯彻落实《意见》和《指导纲要》的客观要求，也是新时代学校劳动教育因时而进、因势而新的生动体现。

勤劳节俭是中华民族优良的文化传统，教育与生产劳动相结合是马克思主义的重要命题，劳动教育是中国共产党领导下的学校教育的重要内容。早在延安时期的抗日军政大学，除了军事训练课程外，还有大量生产劳动的课程，抗大校歌的最后一句歌词是"我们是劳动者的先锋"。所有这些，都为我国高校开展劳动教育提供了很好的历史和文化基础。在新的历史时期，借鉴历史经验，得益于党和国家对包括劳动教育在内的整个教育的高度重视和不断增加的经费和资源的投入，伴随着整个社会对劳动教育意义和价值认识的显著提高，今天学校开展劳动教育有着更多更好的有利条件。更何况，"在德智体美劳全面培养的教育体系中，劳动教育具有更基础、更基本、更'原初'的意义和价值"。实现这一价值，需要劳动教育课程把重点落到关注学生劳动过程中的体验和感悟，要让学生在出力流汗中收获辛勤劳动后的快乐，在手脑并用的劳动中有获得感、成就感和荣誉感，由外而内产生真切体验，由内向外激发自主性和创造性；在劳动技能的训练和竞赛中使大学生由"不会劳动"到"会劳动"，在熟练劳动的亲身体验中由"不想劳动"到"想劳动"再到"爱劳动"；在由劳动成果的消费者、享用者到提供者、服务者的"角色转换"中学会"换位思考"，实现对劳动者的轻慢到尊重、对劳动成果的浪费到珍惜的转变和提升。这个内化和转化的过程不仅实现了育人的目的，也同时满足了学生自我成长成才、全面发展的需求。

　　劳动教育缺乏师资怎么办？由于劳动教育具有综合性与渗透性的特点，各学科专业的专任教师、思政课教师、党团干部和辅导员都可以是劳动教育的教师。从这个意义上说，我们缺的不是教师，而是劳动教育的意识与能力，更准确地说，缺的是掌握劳动教育特点与规律的专任或专职教师，这样的教师目前可以在专职辅导员中通过劳动教育的实践来培养。按照教育部《指导纲要》的要求"高等学校要加强劳动教育师资培养，有条件的院校开设劳动教育相关专业"。相信劳动教育的师资问题以后会逐步得到解决。其实，劳动教育的实践就是培养这一师资的最好途径，人们往往不是有了老师才有教育，而是教育的需要才产生了教师这一职业，劳动教育也是如此。实际工作中，有条件的院校可设立劳动教育学院，引进劳动教育专家专门从事劳动教育课程规划和设计的指导。要充分利用和发挥全体教职工的力量，在思政理论课、人文素质课程中渗透马克思主义劳动价值观、劳动法和劳动安全等教育，在课程思政中加强对专任教师开展劳动教育意识与能力的培训；发挥班主任、学业导师、专业教师在专业实践教育中的劳动教育和引导作用，不仅使学生在专业学习中获得劳动技能，还能加强劳动态度、情感和习惯的培养。

　　劳动教育应该如何操作？《指导纲要》围绕讲解说明、淬炼操作、项目实践、反思交流、榜样示范等关键环节做了具体说明，要求通过组织学生参加劳动实践，对学生进行热爱劳动、热爱劳动人民的教育，切实解决有劳动无教育的问题。

二、高校劳动教育课程的教学目标、特点与要求

"'劳动教育'是以促进学生形成劳动价值观（确立正确的劳动观点、积极的劳动态度，热爱劳动和劳动人民等）和养成劳动素养（有一定劳动知识与技能、形成良好的劳动习惯等）为目的的教育活动。"在学校教育中，课程的实施和推进是教育的核心内容和载体，因此，要实现劳动教育的育人目的必须落实在具体课程中。

（一）高校劳动教育课程的教学目标

根据对"劳动教育"概念的理解，高校劳动教育课程需要实现以下三维目标：一是引导学生形成马克思主义劳动观，体会劳动的美好，牢固树立劳动最光荣、劳动最崇高、劳动最伟大、劳动最美丽的观念；二是在劳动实践中使学生学会劳动、掌握必要的劳动技能，培养能劳动、会劳动、善劳动的各类专业人才，提升学生就业创业水平，具备创造性劳动能力；三是培养学生良好的劳动习惯，使青年学生愿意劳动、崇尚劳动、热爱劳动，具备敬业奋斗精神和服务奉献精神，积极投身社会主义现代化建设。

（二）高校劳动教育课程的特点

1. 生活化

《意见》强调要开展三类劳动教育，其中日常生活劳动教育注重在学生个人生活自理中强化劳动自立意识，体验持家之道，这是学生健康发展、适应社会生活的基础。此类劳动与个人生活自理、家务劳动、环境卫生（大扫除）等日常生活紧密相关。劳动教育的开展重在贴近学生、贴近生活，充分利用校内外环境和资源（学生寝室、教室、食堂餐厅、社区、校园环境等）设计劳动教育实践课程，并纳入学生日常管理，使大学生在日常生活中参与劳动，培养劳动习惯，感受劳动的生活之需，体验劳动带来的环境之美。

2. 实践性

劳动教育以活动课程为主，以理论知识课程为辅，强调做中学、做中悟。劳动教育应以动手实践为主要方式，面向真实客观的生产生活和职业活动，结合"三支一扶""三下乡"等组织学生开展生活劳动、义务劳动、社会实践等，使学生在"以体力劳动为主、手脑并用"的实践体验中体悟劳动的真谛。重点引导学生实践前的计划构想、实践中的感悟思考和实践后的反思交流，加深对有关思想理论、法规政策的理解，实现理论学习和实践锻炼的统一，在实践中强化学生对劳动的认知，增强服务和奉献意识，培养吃苦耐劳和探索创新的劳动精神。

3. 集体（协作）性

"班集体作为高校'地基式'育人载体，承担着塑造班级形象、营造学校文化氛围和培养学生价值观的基础性工作，是学生社会化价值养成的重要平台。"高校劳动课程安排的劳动多为集体劳动，尤其是以班级为教学单位组织实施劳动周或劳动月的劳动课程，学生需要相互配合协作完成劳动任务，共同解决复杂问题。劳动协作中的相互交流、配合、激励等人际互动有利于学生形成团结互助、勇于担当和甘于奉献的优良劳动品质，是培养集体主义精神的重要载体。

4. 渗透性

"只有劳动教育有机融入全部教育生活，劳动教育才能取得真正的实效，""新时代的劳动教育形态已经发生结构性转变，单一形态的劳动教育实践难以承载新时期劳动教育功能的实现，劳动教育开始走向整合性的实践路径，以实现劳动教育在课程、活动等方面资源的有机整合。"因此，高校人才培养应强化劳动育人导向，将劳动教育课程渗透于专业类课程（如实习实训、科学实验、社会实践、毕业设计等）和公共必修课（如思想政治理论、就业创业、体育健身、音乐美术等）课程中，整合各方面资源，拓展劳动教育育人途径，结合"三全育人"的实施，提升劳动的综合育人实效，培养德智体美劳全面发展的人才。

5. 社会性

大学生的服务性、生产性劳动教育须以校外劳动为主。高校要拓展校外劳动教育资源，带领学生走向社会，走进企业、社区和乡村田野，组织开展校外劳动锻炼，如实习、实训、实地考察、专业调研等，引导学生利用所学新知识、新技术、新工艺、新方法，创造性地解决实际问题，帮助学生积累就业和创业经验，提升社会竞争力。社会性是高校劳动教育课程区别于中小学劳动教育的一个显著特征，是大学生走出校园，走进社会，直面现实社会，了解和参与真实社会经济活动，促进青年社会化的有效方式。

（三）高校劳动教育课程的要求

高校劳动教育课程体系构建还处于摸索阶段，如何确保落实落地和规范开展是高校劳动教育发挥育人功能的根本和关键。一是要加强劳动教育的顶层设计与规划。《指导纲要》明确指出，"学校是劳动教育的实施主体，应根据国家相关规定，结合当地和本校实际情况，对劳动教育进行整体设计、系统规划，形成劳动教育总体实施方案。方案要明确劳动教育目标内容、课时安排、主要劳动实践活动安排、劳动教育过程组织与指导及考核评价办法等"。高校要创造条件逐步开齐开足劳动教育课程，加强劳动教育的研究和探讨，不断改进教育方式方法，提升教育效果。如"郑州商学院把劳动教育纳入人才培养方案，有目标有计划地以独立内容和独特方式开展劳动教育课程，把劳动教育纳入学生工作的重心，纳入教学计划，每学年制订劳动教育实施方案，规划和指导劳动教育开展"。二是加强制度保障。设立专职负责部门，广泛征求师生意见和建议，从课程建设、人员保障、资源配备、管理考核、效果评价等多方面构建制度体系，构建劳动教育育人长效机制。如中国劳动关系学院成立了"劳动教育中心"，负责学校劳动教育实施推进工作的顶层设计、编写《劳动通论》教材、组织劳育师资培训、举办劳育专题沙龙、深化劳动科学与教育研究等。三是加强劳动教育的组织领导。明确主管校领导，明确实施机构和相关人员的职责分工，主要领导结对教学单位定期参加劳动教育活动，开展阶段性评估和总结，及时调整改进方案，确保课程实施的针对性和有效性。

三、高校劳动教育"三化"的难点及应对

目前高校劳动教育是高校教育体系中的短板和弱项，推进高校劳动教育课程化的实施还存在很多实际困难。

（一）劳动教育的"三化"缺乏经验基础

高校劳动教育课程设计鲜有先例可循，却为高校根据各自校情探索劳动教育模式提供了巨大空间。《指导纲要》中对劳动教育课程的设计与实施提出了较为明晰的指导意见，对劳动教育必修课、课外校外劳动实践时间、每学年一次的劳动周等提出了具体要求。高校要依据中央和教育部的要求和指导，结合实际情况积极稳妥地推进劳动教育的"三化"，由独立的劳动教育部门或者教务部门作为责任主体进行总体的系统规划和设计，协同学工、后勤等部门研讨和论证，分年级制定全校劳动教育课程的总体方向、目标、框架和评价指标，规范和指导教学单位开展和实施劳动教育，建设理论课程与实践（活动）课程、专业技能与劳动技能、劳动观念与劳动习惯相结合、相渗透的劳动教育课程体系。

劳动教育课程是课上课下、校内校外相互联动、协同配合的"大课程"体系，可按照独立课程和渗透课程进行开发和设置。独立课程以课堂传授通识劳动科学知识课为主，在大一年级设置劳动教育通识必修课，开发或者选取相应教材，比如中国劳动关系学院编写了《劳动通论》教材，通过课堂劳动知识的传授以及相应的实践教学，向大学生介绍马克思主义劳动观、新时代劳动教育观和劳动价值观，让学生学习和掌握走向社会后必备的劳动知识，如劳动伦理、社会保障、劳动法律法规、职业道德等。渗透课程要立足高校人才培养，立足新工科、新农科、新医科、新商科、新文科等教育教学改革视角，结合学科和专业特点，将劳动教育内容有机、深度渗透到专业教育课程和公共必

修课程中，"将劳动教育课程的目标、内容'打破'渗透于其他课程之中，也可以将其他课程中关于劳动的内容、形式'还原'于劳动教育课程之内"，紧密结合专业培养开展劳动实践教育，培养大学生勤奋学习、实干创新、勇于探索的劳动精神，为大学生走向职场、走进社会做好准备。

（二）劳动教育缺乏师资

教师是立教之本、兴教之源，高校实施劳动教育课程必须逐步配齐配强师资队伍。目前大部分高校劳动教育师资供给不足，劳动教育必修课缺乏能胜任的教师，一般由思政课教师或辅导员临时兼任，随意性强；劳动实践活动零星体现在社会实践、志愿服务、专业实习等方面，指导教师不稳定；任课教师或指导教师劳动教育意识薄弱，劳动教育水平欠缺，远远不能满足新时代劳动教育的要求。由于劳动教育课程渗透性特点，需要全员参与到劳动教育的实施中，因此，高校要采取多种措施，组建以思政课教师（劳动价值观）、辅导员（生活技能与劳动习惯）和学科专任教师（专业劳动技能）为主体并相互协同的劳动教育师资队伍，以立项方式在有条件的高校或院系先行先试。

有条件的院校可设立专门劳动教育机构，配备专任劳动教育教师，除课堂授课外，劳动教育教师还承担劳动教育及课程研究、指导劳动实践的开展、参与劳动教育师资培训等任务，提升劳动教育的专业化水平。重视和开展全员教师培训，结合学科特点将劳动教育有机融入专业课程，制订教学方案，提升学科专任教师劳动教育意识和劳动观念，提升日常教育工作中的劳动教育自觉性和有效性。在此基础上对担任劳动教育课程的教师进行专项培训，充分发挥思政工作者的作用，尤其重视辅导员在劳动教育课程化实施中不可或缺的角色作用。"辅导员是从学生入学到毕业的全程关注者、陪伴者和引导者，是名副其实的全程育人；辅导员是高校在'育人'上投入时间和精力最多，内容和范围最广的岗位，是真正课上课下、校内校外、线上线下、学期假期等全时空关注、全方位覆盖者。"劳动教育课程的育人主体离不开辅导员全过程、全方位的参与，辅导员队伍是劳动教育课程特别是实践课程实施的最重要的主体。高校可根据辅导员专业化职业化发展路径，培养除生涯规划和就业指导、心理健康等之外的"劳动教育专家"，使其担任劳动知识授课教师、落实落地劳动教育实践活动、跟踪反馈劳动教育效果，充分发挥辅导员在全面推进劳动教育课程化实施过程中的一线基础作用。

（三）劳动教育课程的教学效果难以检测

经过劳动教育和实践，大学生劳动知识水平、劳动观念和意识、劳动技能程度、劳动习惯养成等情况如何，劳动教育课程体系哪些需要进一步完善和规范，这一系列的问题都需要对劳动教育课程的教学进行科学、合理的评价。反馈和评价是劳动教育课程化的最后一个关键环节，不仅是衡量标准也具有目标导向作用，只有来自劳动教育课程教与学各方的及时反馈，才能掌握课程教学的利弊得失，及时对照教学课程体系和具体教案进行调整，进一步促进课程体系优化，形成劳动教育的良性循环。《意见》强调要强化劳动教育评价，把学生劳动素养作为衡量学生全面发展的基本内容，注重评价结果在评优、升学就业中的使用。当前高校劳动教育缺乏系统性的评价体系，尤其是对劳动教育课程的评价标准尚需研究和探讨。"教育评价标准的确定必须依据教育目的，并与教育的目的相一致，目的是教育理想的达成状态，而教育评价标准是促进目的达成的尺度，是实际的东西。"衡量教育效果的尺度和依据就是教育目标的实现程度，针对一些青少年中出现的不珍惜劳动成果、不想劳动、不会劳动的现象，《意见》从思想认识、情感态度、能力习惯三个方面向全体学生提出了劳动教育目标，因此，可以把高校劳动教育课程化实施效果评价按照劳动教育目标进行三个维度的分解，并参照以下几个原则制定标准，使课程教学效果评价更具客观性、合理性和科学性。一是系统性。要从全面整体的角度，用发展的眼光来看待课程实施效果的评价，宏观上要从大中小学一体化着眼，协同设计衡量标准，做好不同学段劳动教育的传承和衔接，并根据高校育人目标和大学生成长发展规律进行特征化设置。中观上要处理好课堂内和课堂外劳动教育评价的关系，课堂内理论学习以学分制为主，课堂外劳动实践活动结合学生现实劳动表现和学生的自我"领悟""反思"等，采取以定量和定性相结合的方式进行标准设置。微观上根据年级和专业特点，在整体框架下进一步将标准细化、具体化，如明确学年劳动实践类型、次数、时间等要求。二是全程性。任何事物都是发展变化的，劳动教育的开展以及学生劳动素养的状态也是动态发展的过程，效果评价要静态和动态相结合，过程性评价和结果性评价相结合，标准设置体现阶段性和长期性，如从大一开始为学生建立"一生一档"劳动教育档案，并根据《指导纲要》所提出的依据学段目标和内容设置学段综合评价标准，不仅可以客观记录大学3~5年劳动过程和结果，也为评价标准的设置提供重要的现实参考依据。三是功用性。课程效果的评价须发挥其目标导向功能、鉴定区分功能、诊断改进功能等，因此，在设置评价标准时要紧紧围绕劳动教育目标来划分模块，将抽象的、不易测量的目标（如劳动情感、劳动态度、劳动精神等）转化为具体的评价指标内容（如劳动表现、劳动技能、劳动习惯等），易于评价主体和评价对象理解及操作，使评价过程更具实操性，评价结果更具客观性。另外，评价标准的确立要经过反复推敲和验证，通过专家学者深入理论研究、广泛征求师生意见和实践应用验证等确保评价标准"真起来"，从而促进评价实施过程和评价结果使用真正"用起来"。

第三节　高校劳动教育的着力点

劳动是人区别于动物的类本质或一般本质，劳动创造了人本身，形成了人的各种属人的本性，是人类特有的基本实践活动。从人的全面发展理论层面看，人的全面发展包括人的需要、劳动、才能和社会关系等方面的全面发展。人的需要的全面发展是其他一切方面发展的基础，其次是人的劳动的全面发展，劳动的全面发展包括人的体力和智力的全面发展、发挥和使用，使人成为各方面都有能力的人，并能够根据自己的兴趣爱好和社会需要，自由地交替从事各种类型的体力劳动和脑力劳动，由此可以看出，劳动是人全面发展中必不可少的重要组成部分。但是人的全面发展需要以全面的教育作为实现途径，"生产劳动同智育和体育相结合，不仅是提高社会生产的一种方法，而且是造就全面发展的人的唯一方法。"劳动教育作为全面发展教育体系不可或缺的一环，是立德树人的基本要求，也是个人成长成才中服务国家和社会发展的动力支撑，良好的劳动精神面貌、正确的劳动价值取向和精湛的劳动技能水平直接关系到高校培养社会主义建设者和可靠接班人的教育目的的实现。因此，高校要准确研判目前劳动教育形势，科学认识劳动教育的时代特征，准确把握劳动教育的价值取向，研究推动劳动教育的实践路线，积极探索加强高校劳动教育的着力点。

一、时代特征：强化思想认知，凸显劳动教育的引领性

把握思想性特征。思想性是劳动教育的灵魂，着重强调劳动是一切财富、价值的源泉，劳动者是国家的主人，一切劳动和劳动者都应该得到鼓励和尊重。马克思从唯物史观出发，充分肯定了劳动对于整个人类和人类历史的重要作用。"劳动是一切历史的基本条件，有了人类的劳动，有了满足人类生存必需的前提，才产生了生活和历史。"新时代劳动教育的思想性特征体现在目的性和统一性。从目的性角度看，劳动教育与德育、智育、体育、美育共同组成全面发展教育体系，在全面发展教育体系中具有独特价值，它是实现其他"四育"任务的主要途径，关系到人才强国战略目标的实现、关系到高校立德树人根本任务的实现、关系到能否培养出德智体美劳全面发展的社会主义建设者和可靠接班人。从统一性角度看，劳动教育符合当代大学生的身心健康发展规律和社会劳动发展规律，在培养社会主义建设者和可靠接班人过程中具有思想引领作用。劳动教育深刻辨析了"以体力劳动为主，注意手脑并用"的真正内涵，站在社会发展视角科学地

回答了劳动教育的定位取向、劳动教育的主要实施途径和劳动教育过程中应该抓住的关键环节等问题。

体现社会性特征。劳动教育的社会性渗透在基本内涵、培养目标、实践路线等各环节，劳动教育旨在通过引导学生走向社会，到社会中参加劳动，强调社会责任感与担当。"每一时代的理论思维，包括我们时代的理论思维，都是一种历史产物，它在不同的时代具有完全不同的形式，同时具有完全不同的内容。"劳动教育的社会性特征体现在全员、全程、全方位育人中能够彰显价值和力量，并且能够在大学生全面发展过程中实现自我认同和自律，把社会外部影响内化为自我教育与自我管理。面对重大疫情、灾害等危机，通过开展服务性劳动，强化创造性劳动教育，加强生产劳动与教育技术相结合，提升主动作为的奉献精神，在劳动中教育自我、改变自我、提升自我，做到与时代同步伐。

突出实践性特征。实践的观点是马克思主义认识论的基本观点，实践性是马克思主义理论区别于其他理论的显著特征。马克思在《关于费尔巴哈的提纲》中指出："哲学家们只是用不同的方式解释世界，而问题在于改变世界。"从实践性的本源特征来看，实践是人们改造世界的客观的物质性活动，具有直接现实性的特点，实践性重在将所学知识转化为真正有用的实际本领，从而形成良好的实践习惯。习近平总书记在全国高校思想政治工作会议上指出，"要强化实践育人，坚持教育同生产劳动和社会实践相结合，让广大青少年在投身实践、亲身参与中认识国情、了解社会，在增长才干和磨炼意志中感受劳动所带来的收获和乐趣，进而形成尊重劳动、热爱劳动的真挚情感。"劳动教育不仅包含自尊、自信、自爱等内容，更涵盖了劳动的实践性、道德性、教育性等特征，其中实践性占主导地位。实践性劳动活动有利于大学生掌握生活和劳动技能，锻炼大学生克服困难的坚强意志，在体味辛劳、挥洒汗水中塑造坚强的心理素质和健康体魄，在艰苦奋斗、顽强拼搏中磨炼自己的意志，从而获得受益终身的宝贵精神财富；有利于提高大学生创新能力和形成积极向上的就业创业观，在国家社会需要与个人价值实现、专业学习与人职匹配等方面找到平衡。

二、价值取向：聚焦"四观"，拓展劳动教育的外延性

构建"劳动光荣"的劳动价值观。树立正确的劳动价值观是践行马克思主义劳动价值观的题中之义，也是从根源上有效开展高校劳动教育的前提。习近平总书记旗帜鲜明地指出："新时代坚持中国特色社会主义教育发展道路，就要努力构建全面培养的教育体系，如果劳动教育没有得到足够重视，没有按着科学的方法来加强，没有取得相应的成效，培养接班人的战略目标必定缺乏有力支撑。"在改革开放和社会主义市场经济发展

的背景下，由于多种因素的影响，我国高校对劳动教育的关注略显不足，存在劳动教育的本真意蕴被遮蔽、劳动功能价值被弱化、大学生劳动价值观异化等问题。因此，高校要从战略高度全面认识劳动教育的重要性，在劳动信念培育、正确劳动价值观树立、劳动责任感提升、劳动伦理品德培养等方面加大培育力度，引领大学生感知新时代中国特色社会主义下的劳动精神、劳模精神，使大学生积极主动地参与到国家、社会、学校劳动教育的实践中去。

落实"崇尚劳动"的劳动教育观。习近平总书记在全国教育大会上将劳动教育作为"五育"之一纳入全面培养的教育体系，可以说是意义非凡。在马克思关于人的全面发展理论中指出，人的全面发展是人的需要、劳动、才能和社会关系的全面发展，全面教育是实现人的全面发展的一个重要途径，由此可知，要使人获得全面发展，就必须实施全面的教育。长期以来，高校劳动教育存在"窄""空""软""虚"的现象，导致"淡化劳动理想""拒绝崇尚劳动""劳动告别主义"等思潮盛行，给高校立德树人工作带来新的挑战。究其原因，一是高校"五育并举"的大体系还是一副空架子，是一种"摆拍"，劳动教育资源缺乏有效整合；二是高校未意识到劳动教育在立德树人中的重要作用，导致劳动教育道路越走越狭窄。重提劳动教育，是因为构建德智体美劳全面发展的教育体系离不开劳动教育、促进大学生的全面发展离不开劳动教育、建设高素质劳动大军更离不开劳动教育。

践行"实干兴邦"的劳动实践观。"一勤则天下无难事""民生在勤、勤则不匮""空谈误国、实干兴邦"是中国人自古以来就秉承的劳动实践信念，这是拥有今天辉煌历史成就的钥匙和密码。在大力振兴制造业、大力推进"中国制造2025"、加快推进制造强国的关键时期，生产出高品质的产品，需要大力培养具有爱岗、敬业、专注、创新、拼搏等可贵劳动品质的"匠人"，更需要一批有干劲、有闯劲、有钻劲的知识型、技术型、创新型劳动大军。高校作为高水平、高素质劳动大军的主要培养阵地，要科学研判新形势下劳动教育的定位与取向，从实现"两个一百年"奋斗目标的需要、高校立德树人的需要、大学生成长成才的需要看到加强劳动教育的必要性。可以说，重视劳动教育是破解高素质劳动人才制约国家和社会发展的重要举措。重视劳动教育，有利于发挥大学生身上所具有的热情、开放，充满活力、敢于创新、渴望创新的特点，引导大学生投身于先进制造行业、战略性新兴产业和现代服务行业；有利于大学生感知新时代中国特色社会主义下的劳动精神、劳模精神的精髓，增强大学生的行动力和执行力，以实际行动参与社会、奉献社会，引导大学生在劳动实践中磨炼意志品质，真正成长为全面发展、担当民族复兴大任的时代新人。

树立"幸福是奋斗出来的"劳动幸福观。加强高校劳动教育是增强劳动认同的现实需要，也是实现中国梦的力量源泉。由于多元化因素的影响，劳动教育始终没有充分彰显其正向作用和育人功能，一方面由于西方国家不良社会思潮的影响，社会上流行的错误的、片面的言论与观点，让很多心智尚未成熟的大学生感到迷茫，堕落风、浮躁风盛行，期望幸福从天而降，形成坐享其成的不良心态；另一方面由于经济的快速发展带来的产业结构的调整和劳动力结构的优化，使得体力劳动和体力劳动者受到蔑视，使一些大学生不再相信劳动是财富和幸福的源泉，导致大学生不珍惜劳动成果、不想劳动、不会劳动，劳动的独特育人价值在一定程度上被忽视，给人才培养工作带来了挑战。习近平总书记旗帜鲜明地指出，"人世间的一切幸福都是要靠辛勤的劳动来创造的。"对大学生进行劳动幸福教育，有利于帮助大学生理解劳动是一切财富和幸福的源泉；有利于引导大学生在劳动中坚定理想信念、厚植爱国主义情怀；有利于大学生了解和懂得生产技术知识，掌握生活和劳动技能，锻炼大学生克服困难的坚强意志，在体味辛劳、挥洒汗水中塑造坚强的心理素质和健康体魄，形成健全完善的人格，从而获得受益终身的宝贵精神财富。

三、实践路向：丰富教育形式，提升劳动教育的实效性

构建科学劳动教育体系。构建科学劳动教育体系关键在于找准高校劳动教育的着力点。首先，加强顶层设计。科学做好劳动教育的顶层设计工作，成立以党委书记、校长为组长，宣传部、后勤处、学工处、教务处、科研处、校团委、马克思主义学院等部门为组员的劳动教育工作领导小组，制订全校劳动教育整体规划，形成党委统一领导、各部门齐抓共管的协同育人格局。其次，强化条件保障。组织保障层面，结合学校学科发展特色，制订符合劳动教育发展的学科、科研、师资队伍建设方案；时间保障层面，高校要从课程安排和课程设计上与其他专业课同向同行，搭建线上和线下交流平台，开展多样化劳动实践教学活动。再次，推进课程建设。课程是人才培养的核心要素，开设劳动教育课程是提升劳动教育目的性和方向感的重要途径，积极探索将劳动教育纳入高校教育教学体系和人才培养体系，开设劳动教育学、劳动社会学等一系列"劳动+"课程，规划相应课时与学分。最后，发挥"主渠道"作用。习近平总书记在全国高校思想政治工作会议中指出，"要用好课堂教学这个主渠道，思想政治理论课要坚持在改进中加强，提升思想政治教育亲和力和针对性，满足学生成长发展需求和期待，其他各门课都要守好一段渠、种好责任田，使各类课程与思想政治理论课同向同行，形成协同效应。"思想政治教育具有隐蔽性和渗透性特征，这两个特征决定了其在教学过程中可以促进思想

政治教育与劳动教育两者互相渗透，充分借助思想政治教育课程这个主渠道，将马克思主义劳动观与劳动教育有机结合，引导学生树立正确的劳动价值观念，内化于信念，外化于行动。

建立劳动教育长效机制。制度是保障劳动教育稳步推进的引擎和发动机，劳动教育若要与"德智体美"并驾齐驱，必须建立相应的制度，形成制度化管理。一要健全目标制度。制定劳动教育目标，完善人才培养方案，强化第一课堂与第二课堂的衔接互补，促进大学生劳动素养与实践能力的协同发展；探索教学质量反馈机制，开展人才培养质量跟踪调查工作，通过用人单位对毕业生劳动能力的意见反馈，形成"倒逼"机制，从而有针对性地调整、完善劳动教育课程体系和校外实践活动；制定《高校劳动教育实施办法》，实施校园、公寓、图书馆卫生包干制，开展"最美教室""最美宿舍""最美劳动人"评选工作，设立劳动活动奖励金，不断提升劳动积极性。二要建立评价制度。坚持日常评价和过程评价相结合、教师与个人评价相结合、定性评价与定量评价相结合、情感培育与习惯养成相结合，将劳动教育活动纳入学生综合测评成绩并记入档案，作为评奖、评优、推荐免试研究生的重要参考和毕业依据。三要抓好项目式研究。充分发挥高校人才资源和理论研究优势，加大劳动教育理论研究成果转化为工作指导的力度，从学理上提供支撑，在经验上集成；成立辅导员劳动教育工作室，以工作室为牵引，确保基于教育实际问题的行动落实；科学探索省市级劳动模范担任大学生"校外辅导员"导师制，通过一名劳动模范对接一个班级的模式，在培养大学生劳动意识、提升大学生劳动素养和就业创业能力等方面对大学生进行科学合理地引导。四要构建多维度宣传格局。切实用好用活新媒体，依托学校和二级学院公众号推出系列劳动教育新媒体产品，开展"我身边的劳动者""幸福是奋斗出来的""时代新青年、劳动最美丽"主题教育实践活动，营造尊重劳动、崇尚劳动的良好氛围。

打造"新劳动教育"载体。劳动教育从本质上来说，就是一项综合的实践性活动。在新时代背景下，劳动教育要能够确保人获得一种自我存在的价值感和意义感，须顺应社会发展趋势，适应社会对人才的需求趋势，由"劳"转向"动"，重"实质"轻"形式"，通过有目的、有组织的劳动实践活动促进学生综合素养全面提升。一要坚持劳动教育关乎国之大计、党之大计的战略思想，以"补短板、强弱项、提质量"的原则进一步推进高校劳动教育高质量发展。二要直面劳动教育本质，通过定向教育引导，将劳动教育与大学生思想政治教育工作有机结合，站在"传统劳动"与"现代劳动"相结合的立场上重新审视劳动教育，及时关注劳动教育形态的发展与变化，并及时调整劳动教育内容。三要在促进学生全面发展的基础上，将不同的劳动形态进行科学整合，将体力劳动与脑力劳动、简单劳动与复杂劳动、劳动教育与大学生思想政治教育等紧密结合，做到在教育上引导学生，在情感上感染学生，在能力上锻炼学生，从而更好地达到思想政治教育的目的。

第四节　高校劳动教育的实践路径

劳动教育目前正在成为我国特色社会主义教育制度的重要内容，劳动教育有利于促进当代大学生的发展成长，促进当代大学生的全面发展。过去，我国教育体系呈畸形状态，高校学生在"德、智、体、美、劳"这五个方面完全不能做到平衡发展，尤其是劳动教育在当前的教育体系中逐渐被边缘化、被严重忽视与弱化。新时代高校应该提高劳动教育在教育体系中的地位。

一、新时代高校学生劳动教育的思想渊源

一切实践活动都应以一定的思想源泉为基础，同样，新时代高校学生劳动教育也有其自身的思想来源。高校学生劳动教育主要是通过各种劳动形式，引导高校学生树立起正确的劳动观念，并且能够掌握一定的劳动知识和劳动技能。

（一）中国独有的传统劳动教育观念

新时代高校之所以开展一定的学生劳动教育实践，是受到了中国独有的传统劳动教育观念的影响。党的十八大以来，习近平总书记曾多次强调"不忘本来才能开辟未来，善于继承才能更好创新"。劳动教育观念在我国古代教育中一直占据极其重要的地位，毕竟我国古代的经济基础是自给自足的小农经济。墨子曾经有过"食物必须通过劳动获得"的观点；颜元提出了"劳动使人强健"的思想；敬姜也曾提出"劳可培善"的观点。从这些古代的人对于劳动的观点态度可以看出，劳动不仅是一个人生存发展的条件，还能够使人拥有较为高尚的思想品德。劳动教育观念从古至今，在能够使人生存发展，培养较高的思想道德素质的基础上，还符合目前社会的发展要求，有利于我国构建具有中国特色的劳动教育体系和人才培养方式。

（二）马克思主义的劳动观

马克思主义的唯物史观是近代最重要的思想结晶，而马克思主义劳动观又是马克思主义唯物史观的关键部分。马克思主义劳动观是对劳动教育做出深刻认识的基础，也是我国新时代高校学生劳动教育的重要思想来源。马克思在阐述劳动价值时，从人与自然、

人与社会以及人与人之间进行了全方位的描述，并且得出了劳动创造了世界，劳动创造了历史，劳动创造了人这三个结论，也有力论述了劳动可以推进人的全面发展并且是推动社会历史发展的唯一的途径。马克思还在劳动观中提出劳动的本质在于解放人，劳动可以促进人的全面发展，因为劳动可以促进人的智力与体力进行一定比例的协调。教育是用来培养人的，将劳动与教育结合在一起是实现人的全面发展的必要途径。不能把劳动教育看作单纯的手段与方法，劳动教育本身是带有一定的目的的。要想实现劳动教育的教育目的，就一定要正确看待劳动教育在教育中的地位。马克思对于劳动观的所有阐述，都是在论断劳动以及劳动教育的价值。

二、目前我国高校学生劳动教育实践过程中遇到的问题

在目前的高校教育当中，文化课教育往往占有极其重要的地位，劳动教育则越来越被边缘化、被忽视，甚至已经有部分高校直接取消了相关的劳动教育。这就导致了目前的高校学生对于劳动的概念十分淡薄，大多数高校学生不愿劳动、不会劳动。以上现象出现的主要原因还是高校没能建立完整的劳动教育体系，没能树立劳动教育的系统理论，并且不能做到及时地对劳动教育进行一定的创新发展。

（一）高校严重缺失有关劳动教育的新理念

首先，我国高校对于劳动教育的理念严重缺失，并且在全国范围内，劳动教育都处于整个教育体系最边缘的位置，劳动教育边缘化、忽视劳动教育已经成为各个高校在具体的教学中不可避免的行为。也正是因为各个高校对于学生的劳动教育极其不重视，很少对学生进行劳动理念的教导，也几乎不会组织学生进行劳动教育的实践，才使得学生很难认识到劳动教育的重要性，也就间接导致高校学生对于劳动教育不能形成较为客观、正确的认识与理解。哪怕有些高校能够将劳动教育放在针对学生的教育计划中，但是，在进行劳动教育时也只是采取最传统的、最枯燥的宣讲的形式进行，这样的教学方式很容易让学生产生厌烦的情绪，难以调动学生学习的积极性与主动性。甚至会有高校将劳动教育片面理解为劳动，强迫学生进行一些耗费时间和体力的劳动。以上行为都反映了目前的高校严重缺失有关劳动教育的理念，这些都严重违背了劳动教育的本质要求。

其次，高校在对学生进行劳动教育时所选择的师资队伍也十分缺乏专业性。大部分高校进行劳动教育的形式便是让辅导员或是思政教师"兼职"进行劳动教育。这样的形式很难让学生真正重视劳动教育，并且缺乏一定专业性的教学互动，无法激发学生对于劳动教育的兴趣，甚至会让学生觉得劳动教育只是一种表面形式，根本不需要投入精力，根本不需要重视。

最后，高校由于过于重视学科知识的教育教学，几乎不会安排过多的时间对学生进行劳动教育，更不用提给学生安排一些能够亲身体验劳动的实践机会了。而高校这样的行为实际是将劳动教育与学生之间的关系彻底割断，是造成高校学生不愿劳动、不会劳动的重要原因。甚至会有不少学生认为劳动就是要付出体力与汗水，就是干一些体力活去吃苦受累，也正是因为有这样的偏见与误解，高校学生大部分都十分抵触劳动教育，不仅严重缺乏劳动意识，还严重缺失劳动的责任感。

由此可见，高校对于劳动教育的理论观念的严重缺失会直接导致高校的劳动教育难以正常地开展进行。

（二）高校未建立相对完善的劳动教育体系

高校没能建立相对完善的劳动教育体系主要有以下四方面的原因：

第一，高校没有充足的理论观念支撑其进行劳动教育的高质量开展。目前社会对于劳动教育都缺乏一定的重视，国家也没有出台相关的政策对高校的劳动教育实践的开展进行相应的说明，这也就导致高校很难进行劳动教育的研究。进而导致劳动教育的整个教育体系难以进行更深层次的学术研究，学术界内很难产生有关劳动教育的理论观念。

第二，高校内部在制定学生的课程理论课表时，几乎很少会考虑劳动教育课程的设置。出现这种现象的主要原因还是高校对于劳动教育的理论观念不够明确，因此，对于劳动教育课程在高校开设的意义就不能做出清晰的理解，直接导致高校学生的劳动教育在整个高校教育系统中几乎没有地位可言，没有重要性可言。高校劳动教育课程缺失的另一个重要原因便是劳动教育的内容过于俗套，严重缺乏时代的创新性。

第三，劳动教育在高校的实际教育教学中完全没有具体的实行计划与实行措施，整个劳动教育体系在师生看来是可有可无的，经过这么多年高校教育的改革与发展，却从未针对劳动教育进行相应的改革创新，也没能形成一套有关劳动教育的培养体系。高校的劳动教育工作徒有其名，在实际的教育教学过程中完全看不到劳动教育的影子。

（三）高校师生对劳动教育的意义认识不足

不可否认，我国经济的快速发展为我国社会的发展带来了巨大的机遇，但同时也产生了许许多多不可避免的社会问题，而且这些社会问题已经渗透进高校的教育领域中，高校教育领域的教育实践也开始变得"急功近利"。现在高校内部的教师和学生都过于看重课程的分数和学业成绩，"唯分数论"又开始在高校蔓延开来，这就使得劳动教育在高校的教师和学生中间越来越不受重视。高校内部的教师和学生都不能对劳动教育的意义进行正确认知，严重忽视了劳动教育对于学生全面发展的促进作用。

随着经济和社会的发展，社会中妄图一夜暴富和不劳而获的思想越来越严重，许多高校学生眼高手低，不仅自己不愿意通过劳动获取一定的报酬，还歧视劳动、轻视劳动，甚至将依靠劳动获取报酬的职业看成是低人一等的职业，反映出目前的高校学生对于劳动教育的意义与重要性严重缺乏正确的认识与理解。

三、新时代高校学生劳动教育的实践路径

习近平总书记曾经专门提出要重视当前高校的劳动教育。各个高校应以《关于全面加强新时代大中小学劳动教育的意见》作为开展相应劳动教育的最高准则，对高校学生进行科学、合理的劳动教育，充分发挥劳动教育对大学生的发展所应起到的积极作用，帮助高校促进学生的全面发展。

（一）切实做好有关劳动教育的宣传工作，引导学生树立正确的劳动观念

新时代高校学生的劳动教育应该切实尊重劳动教育本身所具有的育人价值，要切实抓住劳动教育在当代社会中的价值取向，要在实际的劳动教育中增强高校学生对于劳动教育价值的认同感，引导学生树立正确的劳动观念。要想切实做好有关劳动教育的宣传工作，引导学生树立正确的劳动观念，可以从下面四方面进行。

第一，高校可以充分利用学校内各种平台与设施，如校园新闻、校园广播和 LED 屏等，及时向学生展示劳动教育的内涵，从思想精神方面对学生进行一定的引导，为学生营造有利于树立良好劳动观念的学习环境。

第二，高校可以在学校内部对拥有良好劳动品质的学生进行奖励，并将其作为劳动的榜样示范，以增强高校学生的劳动意识，培养学生接受劳动教育的自觉性。

第三，高校可以定期开展劳动教育活动，既可以进行劳动实践的相关活动，也可以由部分教师或学生进行有关劳动教育的讲座，这样可以促进学生与教师进行有关劳动教育的沟通，增强劳动教育宣传工作的实际效果。

第四，高校可以将劳动教育这种实践性的教育和思想政治教育这种思想性的教育相融合，充分利用思想政治教育是高校育人的方向标的作用。

（二）在劳动教育中贯彻理论与实践相结合的原则

首先，新时代高校学生劳动教育一定要建立专门的适应目前时代发展潮流的并且具有一定创新性的劳动教育理论体系。体系建成后，相关高校一定要加强关于劳动教育的理论研究，要鼓励高校内部进行劳动教育教学的相关教师切实做好针对劳动教育的理论研究，因为任何一件事情都需要有专业的科学理论进行专业的指导。高校还需要根据本校的现实情况，制订出最符合学校实际的劳动教育教学的规划和方案，一定要对各个年级的劳动教育目标与计划都做出明确、清晰的安排，并且要对劳动教育的目标与计划的

可行性进行审核并适时公开。

除去要进行充分的理论研究，高校还需要建立劳动教育的实践体系，丰富高校内部开展劳动教育的形式。高校可以利用各种资源，联系周围的企业等设立专门的劳动教育基地，并且对高校内部的学生都做出有关劳动教育实践的学时要求，要求学生在完成相应劳动教育学时的同时进行一定的劳动实践总结，以便加深高校学生的劳动教育体验感。

只有在具体的劳动教育中贯彻理论和实践结合的原则，新时代高校学生劳动教育才能蓬勃开展，才能更好地应对高校劳动教育面临的困境与问题。

（三）创新劳动教育的课程内容，完善劳动教育课程体系

高校首先要根据现有的劳动教育的课程，制订出符合教学实际的劳动课程创新方案，对现有的劳动教育课程设置进行优化。在进行课程内容的创新时，高校可以充分借鉴国内外高校对于劳动课程内容设置的优秀成果，切实以学生的实际需求和发展需求作为课程内容创新设置的重要导向，在创新劳动教育课程的过程中要切实提高劳动教育课程所应具有的实际教学效果。除此之外，高校要切实重视劳动教育教学中的实践与理论的结合，要充分利用校地、校企和校社之间的丰富资源，可以在校地合作、校企合作、校社合作的基础上建立专门进行劳动教育教学的实践基地。

比如学校可以创新推动实习的劳动教育模式，也就是帮助学生或者要求学生利用寒暑假的时间寻找可以进行劳动实习的工作单位，并且将自己的劳动实习经历写成一份完整的劳动教育教学报告。高校可以通过创新劳动教育的内容和完善劳动教育的课程体系来增强学生对于劳动教育实践的体验感。

劳动教育在目前的高校教育中起着重要的作用，可以锻炼高校学生的创新思维，促进高校学生的全面发展。高校需要通过一系列的方式引导学生正确看待劳动教育，热爱劳动。同时高校也要在推行劳动教育的过程中注意实践中的各种问题，根据问题不断地改革劳动教育开展的形式，促进劳动教育在高校教育中的良好发展。

第五节　高校劳动教育的可持续发展作用

劳动是推动人类社会进步的根本力量。中国特色社会主义进入新时代，习近平总书记发表了一系列关于劳动的重要讲话和论述，如"劳动创造一切""弘扬劳动精神""提高劳动者素质""构建和谐劳动关系""建设知识型、技能型、创新型劳动者大军，弘扬劳模精神和工匠精神，营造劳动光荣的社会风尚和精益求精的敬业风气""要在学生中

弘扬劳动精神，教育引导学生崇尚劳动、尊重劳动，懂得劳动最光荣、劳动最崇高、劳动最伟大、劳动最美丽的道理，长大后能够辛勤劳动、诚实劳动、创造性劳动""培养德智体美劳全面发展的社会主义建设者和接班人""要努力构建德智体美劳全面培养的教育体系，形成更高水平的人才培养体系"等。2020 年 3 月，中共中央国务院印发《关于全面加强新时代大中小学劳动教育的意见》，为构建德智体美劳全面培养教育体系，加强新时代大中小学劳动教育，从具体要求、体系构建、教育实践、支撑保障和组织实施等方面提出了明确意见。2020 年 10 月，中共中央国务院印发《深化新时代教育评价改革总体方案》，在"改革学生评价，促进德智体美劳全面发展"部分，单列"加强劳动教育评价"条目，明确要求："实施大中小学劳动教育指导纲要，明确不同学段、不同年级劳动教育的目标要求，引导学生崇尚劳动、尊重劳动。探索建立劳动清单制度，明确学生参加劳动的具体内容和要求，让学生在实践中养成劳动习惯，学会劳动、学会勤俭。加强过程性评价，将参与劳动教育课程学习和实践情况纳入学生综合素质档案。"对新时代开展什么样的劳动教育、如何改革和开展劳动教育、怎样评价劳动教育都有要求，为我们加强高校劳动教育，促进大学生的可持续发展提供了方向。

一、新时代高校劳动教育有利于大学生身体健康的可持续发展

身体是生命的物质载体，是灵活多变和自由自在的生命有机体。身体作为一种象征性的区别形式，与健康和美丽密切相关。"身体理想"在人类发展过程中据了重要地位，长期以来受到全社会广泛关注。研究者将"身体理想"视为健康标志，成为新时代社会的健康角色。"劳动首先是人和自然之间的过程，是人以自身的活动来中介、调整和控制人和自然之间的物质交换的过程。"要激发高校学生身体的内在生命活力，调动身体灵活协调性，塑造全面健康身体，就需要开发他们的身体潜能。

无论进行何种劳动，劳动都在一定程度上作用于劳动者的身体。学生可以通过劳动开发身体潜能，达到强身健体的目标。从改善身体状态的角度来看，劳动教育不是将体力劳动和脑力劳动对立起来，而是将两者结合起来。通过劳动教育要让学生意识到，劳动既会涉及体力也会涉及脑力，劳动消耗体力和脑力的同时也会提高身体素质和大脑智慧。从这个意义上说，高校劳动教育可以锻炼和发展年轻人的身体潜能，对促进大学生身体健康的可持续发展具有重要作用。威廉·莫里斯（William Morris）在《乌有乡消息》中写道："干草场上劳动的男女无愧于仲夏可爱的丰盛景象，无愧于仲夏无穷无尽的美丽景色，悦耳的声音和芬芳的气息啊！"实事求是地说："如果你没有在天气晴朗的干草场干过活，你就体会不出这种劳动的兴趣。而且，妇女干活的时候，也是非常好看的。"

这些叙述不仅描写了乌有乡"晒干草"的劳动画面，而且还将劳动中男女健美的身体展示出来，劳动可以使人变得愉快和美丽，在高校开展完整的劳动教育有利于促进大学生身体健康的可持续发展。

二、新时代劳动教育有利于大学生心理健康的可持续发展

人们通常认为，身体没有疾病的人应该感到健康，而有器质性病变或功能障碍的人应该感到不舒服。实际上，有时候，人的身体非常健康，没有疾病，也还是会感到不舒服。心理和谐与否对人的健康也会起到极其重要的作用。心理和谐有助于人处于功能良好的有机体之中，保持心理健康。第三届国际心理卫生大会将心理健康具体定义为："心理健康是指在身体、智能及情感上与他人的心理健康不相矛盾的范围内，将个人心境发展成最佳状态。"心理健康的人不仅能够充分地发挥自己的潜能，而且能够理智地处理好人与自我、人与他人以及人与外部环境之间的相互关系。大学生是未来的社会主义事业建设者和接班人，健康的心理素质是不可缺少的条件。世界各国对大学生心理健康工作都给予了高度重视，并且进行了相关的科学研究，劳动教育在一定程度上可以帮助大学生解决心理困扰，创造大学生心理的幸福感，预防大学生心理疾病，达到心理健康的目标。劳动本身是幸福的源泉，人类就是自身幸福的创造者。人想要获取幸福需要自身通过劳动实践来获取，人的自我发展和幸福都是在劳动实践过程中产生的。大学生通过参加劳动，在改善自己身体状况的同时，也在劳动过程中锻炼了自己的心智，增加了幸福感，驱除可能的心理抑郁，保持了心理健康。

无论参与何种劳动，劳动都在一定程度上作用于劳动者的心理。学生的心理状态和其在某些劳动过程的质量有关。学生可以通过劳动开启心理智能，达到保持心理健康的目标。人的心理健康和身体健康具有同等重要的地位。劳动教育可以使学生体会到劳动创造幸福生活，认识劳动不分高低，喜欢劳动，尊重所有劳动者，拥有正能量的劳动精神，最终具有和谐、美德和判断力的心智，对促进大学生心理健康的可持续发展具有重要作用。乔纳森·萨弗兰·福尔（Jonathan Safran Foer）在《特别响，非常近》中描写心理创伤后的失语症患者状态："我以前并不沉默。我曾经说啊说啊说啊说啊，我不能闭上我的嘴。但有一天沉默像癌症一样征服了我……我从没想到过我是个安静的人，更不会沉默，我从来没想到过任何事情。一切都改变了，楔入我和我的幸福之间的不是世界，不是炸弹和燃烧的建筑物，而是我自己，我的思考，这种无法舍弃的癌症。……我想啊想啊想啊，我把自己从幸福中想出来了一百万次，却一次也没有把自己想进幸福中去。"心理创伤患者承受着无法言说的伤痛，虽然努力尝试寻找述说的方式和解脱的途径，但

是真的很困难。劳动可以帮助大学生获得心理的和谐和幸福，有利于促进大学生心理健康的可持续发展。

三、新时代劳动教育有利于大学生专业课程学习的可持续发展

不同专业学习会产生不同的学生发展效应，对专业课程学习的研究应当从"外部比较""结果比较"转向"内部解析""机制分析"。"与其探析不同专业之间的学生发展差异，不如深究这种差异背后所蕴含的原因"，并且，"应该深入专业内部的学生深度学习方法上去，并探讨不同专业间学生的深度学习方法的差异，这样才能找到专业间学生发展差异的原因"。大学生专业课程学习高度复杂，学习方法非常重要，劳动有利于掌握深度学习的方法。劳动创造了人本身。劳动是人类进化的唯一方法。恩格斯在《劳动在从猿到人转变过程中的作用》一文中，详细描述了劳动在人类从猿进化为人的过程中所发挥的决定性作用。为了把双手解放出来用于劳动活动，人类祖先学会直立行走；为了分享劳动过程中的信息，人类开始掌握了语言；随着人类的不断进化，会创造和使用劳动工具，把人类社会与猿群世界彻底区分开来。劳动教育培养大学生"动脑思考、动手实践"的创新思想与实际应用能力，激发劳动热情，开阔眼界和思维，促进大学生专业课程学习。大学生在劳动实践过程中，结合自己的学科专业，适应科技人文的发展，善于从事高、精、尖、新的学习和劳动，两者紧密结合，创造性地研究和解决实际问题。

高校学生参加与专业课程有关的企事业单位的研发、实习、咨询以及创新创业竞赛等劳动，学以致用、"劳""学"相长，互相促进。劳动教育引导更多学生参与和专业课程学习相关的劳动，能够激发学生的学习潜能，更好地完成专业课程的学习，同时也为将来的就业和进一步学习打下坚实的基础。大学生专业课程学习也是获取劳动知识的重要途径，专业课程教育结合或渗透劳动教育对促进大学生专业课程学习的可持续发展具有重要作用。安托万·德·圣·埃克苏佩里（Antoine De Saint-Exupéry）在《小王子》中说道："大人们叫我把画有巨蟒的作品，无论是'外视图'，还是'内视图'放到一边，将所有心思用在学习地理、历史、算术和语法上。就这样，我放弃了当画家这个有可能成为我伟大职业的梦想。'一号画作'和'二号画作'的先后碰壁让我心灰意冷。大人们永远没有半点独立理解能力，而我也懒得随时随地向他们耐心解释。"培养德才兼备的高层次人才是高等学校的历史使命和根本职能，也是高校区别于其他社会组织的本质特征。如果要大学生变成顺从而教条的学习者，教育者会使用单一的教育方法。如果要让大学生具有独立的批判性思维并且具有丰富的想象力，就应当采用多元的教育方式。劳动教育可以丰富已有的专业教育方法，在高校开展完整的劳动教育有利于促进大学生

专业课程学习的可持续发展。

四、新时代劳动教育有利于大学生社会主义核心价值观的可持续发展

核心价值观奠定了国家制度的道义基础，决定着一个社会的主导价值，堪称兴国之魂。党的十八大提出，倡导富强、民主、文明、和谐，倡导自由、平等、公正、法治，倡导爱国、敬业、诚信、友善，积极培育和践行社会主义核心价值观。富强、民主、文明、和谐是国家层面的价值目标，自由、平等、公正、法治是社会层面的价值取向，爱国、敬业、诚信、友善是公民个人层面的价值准则，这24字是社会主义核心价值观的基本内容。随着中国特色社会主义进入新时代，中国社会也发生了前所未有的深刻变化，其中文化发展呈现出新的特征、新的矛盾，在全球化浪潮中文化环境的失衡、社会急剧变迁下文化传承的断裂以及新媒体带来的传播方式蜕变，这些都对人们的价值观产生了很大的冲击。大学生作为新时代的年轻人，对价值观选择存在一定的困惑。劳动教育从宣传倡导"尊重劳动、劳动最光荣、劳动最伟大、劳动最美丽"到提出"爱劳动""以劳动托起中国梦"；从倡导弘扬劳动精神、劳模精神、工匠精神到提出"社会主义是干出来的，新时代是干出来的""实干才能梦想成真"等新劳动价值观，社会主义核心价值观可以在新劳动观的基础上发扬光大，有助于解决大学生的困惑，发挥个人专业特长，坚定社会主义核心价值观。

高校学生参加劳动，可提升生存发展需要的基本劳动能力，形成爱劳动的好习惯，在劳动过程中树立马克思主义劳动观，坚持社会主义核心价值观。劳动教育对新时代坚持和发展中国特色社会主义、实现中华民族伟大复兴、帮助年轻人树立正确的价值观有十分重要的意义，对促进大学生社会主义核心价值观的可持续发展具有重要作用。有研究者认为，劳动教育价值取向从物质性的、技术性的功利追求开始有意识地走向超验性的人的自由、尊严、美的维度。不断超越将劳动教育单纯视为技能训练的认识局限，尊重"完整的人"的精神世界和情感世界，使人自觉到劳动教育是彰显生活意义的个体实现过程，是人类的本质的回归。新时代劳动教育价值取向彰显了正确的劳动观，弘扬社会主义核心价值观，在高校开展完整的劳动教育有利于促进大学生社会主义核心价值观的可持续发展。

第二章　高校劳动教育模式研究

第一节　以学生为中心的高校劳动教育模式

习近平总书记在全国教育大会上强调，努力构建促进学生德智体美劳全面发展的教育体系，培养德智体美劳全面发展的社会主义建设者和接班人。中共中央、国务院相继印发了一系列文件，提出坚持"五育并举"教育方针，全面发展素质教育。"五育"应该有主次、先后和侧重之分，才能更好地、有计划性地开展，才能真正提高素质教育水平。"五育"中的劳动教育有独特的综合育人价值，劳动可以培养尊重劳动的良好思想品德，能够锻炼人的体能和意志，可以培养人的情操……因此，在高校必须提高对劳动教育地位和作用的认识，全面推进劳动教育的实施。

一、高校开展劳动教育的重要性

（一）劳动教育为我国优秀人才储备夯实了基础

当今社会对高素质人才的要求越发严格，要求学生德智体美劳全面发展。劳动教育应贯穿优秀人才培养的整个过程，这对劳动技能的提高和劳动意识的加强至关重要。高校开展劳动教育要理论联系实际，把两者充分结合，在劳动实践活动中让学生检验自己，帮助学生提高劳动技能，帮助大学生树立科学的人生观与价值观，以实现培养综合性优秀人才的教育目标。

（二）劳动教育可以帮助学生更好地融入社会

脑力劳动与体力劳动都重要，都值得尊重。高校学生在校期间应主动参加劳动，以体力劳动为主，踏踏实实地劳动，在劳动过程中出力流汗，既可以提高学生的身体素质，又可以磨炼学生的意志，真正理解劳动实践的重要性。积极接受劳动教育，树立劳动最光荣的思想，对学生进入社会有十分重要的意义。

（三）劳动教育推动学生全面发展

以劳动教育为载体是学生全面发展过程的关键，具有树德、增智、强体、育美的育人价值。在劳动教育上，应重视生活中的劳动实践机会，将专业教育与劳动教育有机融合，把劳动教育渗透到教学过程中，鼓励师生开展校内外劳动实践，培养劳动意识，弘扬劳动精神，引导学生崇尚劳动、尊重劳动、热爱劳动，在实践过程中对学生进行全面培养。

二、以学生为中心的高校劳动教育存在的问题

（一）学生缺乏劳动意识

当代大学生生活在自由开放的网络新时代，随着微信、微博、抖音等各种社交媒体的普遍使用，带来了多元价值观的碰撞。处于青年阶段的高职学生对"网红""富二代"的态度呈现出羡慕与妒忌的现象，个人主义、享乐主义、拜金主义等社会思潮深刻影响着学生的成长，甚至还有少数学生出现了轻视劳动、不愿意劳动或不会劳动的现象。因此，社会环境对于学生劳动意识、劳动精神的培养至关重要。

（二）学生劳动意识不强

第一，高校对培养学生的劳动意识不重视，过于注重专业理论知识的传授，致使学生实践能力差，直接影响学生的就业。对于还处于身心发展中的学生而言，理论知识学习固然重要，但劳动实践的重要性也不可忽视。其一，理论联系实际，可以检验理论知识的正确性；其二，只有真正投入体力劳动中，才能体会到劳动的艰辛，更珍惜劳动成果，更尊重劳动者。第二，学校未能设置足够的劳动教育课程，一部分高校虽已经开设，但是课程内容没有跟上时代步伐，教学理念过于单一、传统，教学模式较为落后……这些因素影响着学生对劳动教育的重视程度，也影响着劳动教育教学的效果。

（三）学生身体素质下降

学生的身体素质直接影响学生的劳动能力，优良的身体素质既有利于促进学生的劳动实践，提高劳动能力，也有助于促进社会的发展。但是，近年来学生身体素质呈下降趋势。从实际情况来看，影响学生体质下降的重要因素就是运动不足，缺少劳动。现在的学生多为"00"后，在家里养尊处优，生活自理能力差，缺少劳动技能训练，导致学生劳动能力和生活能力在走下坡路。国家《关于全面加强新时代大中小学劳动教育的意见》的颁布与实施，旨在引导学生走出宿舍、迈向操场、走进自然，提高学生的劳动技能和劳动意识。

三、以学生为中心的高校劳动教育模式路径选择

新时代高校劳动教育应以德为先，重视学生多元化发展，做到共同建设开发、共同分享成果、互惠互利。在精准把握以学生为中心的高校劳动教育本质基础上，对教育模式进行革新，贯彻立德树人原则，为高校学生厚植劳动情怀、提高劳动素养等方面提供坚实支撑，树立劳动最光荣、劳动最伟大的观念。将德智体美劳五大教育进行更深层次的融合，切实提升高校学生的文明素养；将社会实践和课堂教育教学密切融合，使学生的劳动技能得以提高，全面提升学生的创造力；将终身教育和劳动教育有机结合，促进实现国家、社会、校园、家庭的紧密结合，形成共建共享的教育格局，实现劳动教育的可持续发展。增强高校劳动教育需要全员出动，应做到以学生为中心，突出目标导向、重视顶层设计，重视过程性、多方位的角度进行劳动教育工作。

（一）全员参与，重视发挥主体作用

良好的学风能使学生内化成一种积极向上的精神驱动力，可以帮助学生形成崇高的道德品质科学的人生观和价值观对学生自身的发展有重要影响。全员参与就是要动员全部力量，发挥学校、家庭、社会的育人功能，帮助学校改善学风，从优良的学风中唤醒学生的劳动教育意识。学校是劳动教育的主阵地，但家庭教育、社会教育都必不可缺。只有学校、家庭和社会各司其职、相互配合、取长补短，才能增强高校学生的劳动意识，使高校学生的实践能力得以提升。第一，发挥家庭教育的基础作用。从引导家长入手，通过家长会、班级群等平台宣传劳动教育的重要性，帮助家长重新塑造正确的劳动观念，引导家长推行生活化劳动教育。第二，充分发挥学校教育的主导作用。除了选择传统课堂授课方式、校园文化活动等形式进行劳动教育，还可以通过互联网技术创建网络劳动教学平台，启动线上课程，丰富劳动教育模式，使劳动教育高质量进行。除此之外，结合专业特点，根据市场以及用人单位对人才的实际需求，将线上与线下教育充分融合，引导学生在多元化平台活动中加强劳动意识，继而提高其职业技能。比如教育专业学生可以到当地学校进行实习工作，在实际工作岗位中实践锻炼，充分发挥岗位职能，立足本职工作。在加强劳动教育质量的过程中，培养学生恪守岗位、吃苦耐劳的高尚品德，增强责任心。第三，发挥社会教育的支持作用。社会实践是对高校学生进行素质教育的关键，不仅要大力宣扬劳模精神、工匠精神以及日常生活中劳模的优秀事迹，加强学生对劳动和劳动工作者的感性认识，还应不断开发社会劳动资源，引导学生积极参与各类校外劳动活动、志愿者服务活动，鼓励学生到福利机构、到企业去锻炼，在实际劳动中增强本领，激发学生的责任心与奉献精神。高校劳动教育是一项复杂且系统的工作，应

以学生为中心，全员参与其中，共同推动劳动教育的发展。

（二）全过程追踪，筑牢劳动教育基座

学校应充分发挥劳动教育的主阵地作用，配合家庭、社会"三位一体"多元协同、整体融通式的"三全育人"，画好劳动教育的同心圆。学校的全过程育人就是在学生入学、学业中期、毕业等阶段，通过教育与自我教育实现育人目的。首先，在入学前夕，学校应做好思想教育上的准备，帮助大一新生形成正确的劳动价值观。学校应根据学生实际情况，结合学校的规章制度、校训等校园文化，借助校园公众号、校园网站等，构建优良的劳动教育环境。还可以通过设立与日常生活相关的劳动技能课堂，分享与劳动相关的小知识，增强日常生活与劳动教育的融合，强化劳动光荣理念，做到德技并修，帮助学生尽早融入大学生活。其次，在大二、大三时期，劳动教育应以劳动精神培养以及劳动技能锻炼为主，注重提高学生必备的劳动技能，开设劳动实践与教学相关的活动，让学生在劳动实践中发现兴趣、培养爱好，最大限度发挥劳动育人功能。再次，高校教育工作者可以从日常劳动入手，支持学生参与到实际的劳动工作中，提醒学生注意劳动中的细节，帮助学生养成良好的劳动习惯，浇筑学生劳动教育根基，使学生的劳动能力得以提升。最后，要求学生进行总结思考，帮助学生在劳动中确认自己的就业方向，为自己的未来职业选择做好充分的准备。

（三）全面推进，丰富劳动教育实践形式

劳动教育的全面渗透可以借助多元化育人载体，切实提升高校劳动教育，以学生为中心开展劳动教育。应将理论与实践联系起来，把课堂教学与实践教学结合，形成全方位的劳动教育模式。首先，高校须加快劳动周或劳动月的设置，在遵循以学生为中心的基础上对劳动体系进行设计。其一，教育工作者应不断拓展劳动周的活动形式，借助多元化活动共同发挥作用，加强高校劳动育人效果。其二，合理安排劳动周活动时间。专业课程学习和劳动周时间分配要恰当，既不能霸占学生的学习时间，还要在劳动中给予学生足够的时间实践，让学生能在学习与实践中共同前进。其三，重视劳动实践活动考核评价方式，可以将学生在实践活动中的具体表现作为劳动必修课的考核项之一，与学生的成绩和学分挂钩，让学生重视劳动实践活动。其次，高校须加快劳动实践教育基地的建设，整合已有资源，借助多元化方式与事业单位、企业进行务实合作，为高校学生提供多元化的劳动实践空间。学校也可以与其他学校合作，加强学校之间的合作，互帮互助，互利共赢，共同开展劳动教育实践活动，彼此分享劳动教育经验，既能够促进校友之间的关系，还可以减少资源浪费。最后，抓住劳动教育的重点，将其与创新创业教育、实习实训有机结合，也可以由教育工作者带队组织学生参加社会实践活动，合理利用校

内外实践形式，让高校学生在实际劳动中切身体会劳动的艰辛与琐碎，体验劳动过程中的协同合作，帮助学生掌握劳动技能、培养劳动习惯以及树立劳动意识，加强学生对劳动精神、工匠精神的认同感，让学生懂生活、会生活、爱生活，引导学生自主地将劳动与成长相结合，促进学生优良劳动习惯的形成。

随着中国特色社会主义进入新时代，弘扬劳动精神至关重要。大学生作为新时代的生力军，理应加强自身的劳动意识，弘扬劳动精神。劳动教育既是思想政治教育的重要组成部分，也是一门人生大课。高校应将专业课程与劳动教育相结合，通过多元化的教育形式，拓宽高校学生对劳动的认知，帮助学生形成完整的认知体系。

第二节 高校劳动教育与思政教育模式

经济的快速增长推动了我国教育事业的发展，教育活动的开展，不仅要培养出专业技能型人才，更重要的是培养出德智体美劳全面发展的优秀的人才。想要达到这一目的，高校必须在传统教育模式的基础上，构建出以劳动教育与思政教育相结合的育人模式。基于此，本人通过对劳动教育与思政教育的简单介绍，分析了劳动教育与思政教育结合的育人意义，并提出了具体的构建思路，以促进我国高校更好地对人才进行培养。

现代社会发展的过程中，人才是核心竞争力。确保企业具有一批综合素质较高的人才队伍，能够推动其向着更好的方向发展。高校作为人才主要的培养机构，直接关系到人才的培养质量，应在我国教育改革的大背景下，结合社会对人才的需求情况，有效将劳动教育与思政教育结合到一起，构建出全新的育人模式。因此，对高校劳动教育与思政教育结合育人模式的构建进行研究具有重要意义，为高校培养出更加优秀的人才奠定良好基础。

一、劳动教育与思政教育概述

劳动教育是我国高校教育活动中的重要组成部分，通过劳动教育的开展，培养学生科学的劳动价值观，使其在生活与学习中热爱劳动与劳动人民，形成良好的劳动习惯，以劳动为荣，以懒惰为耻；避免学生出现好逸恶劳、不劳而获等现象，从而推动学生全面发展。思想政治教育也是高校教学活动当中的主要内容之一，指的是教师以相应的思想理念为基础，不断影响学生的身心发展。一方面，可以培养出学生良好的生活习惯，如尊老爱幼、节约勤俭等；另一方面，还能够使学生形成不同的心理倾向，使学生养成科学的责任观与价值观，并掌握法律、道德等多方面内容，为其未来更好地学习与发展提供帮助。

二、高校劳动教育与思政教育结合育人的意义

目前，我国很多高校依然采用传统的教学模式，即在向学生传授大量理论知识的基础上，逐渐提升学生的实践能力，以确保学生可以有效参与到实际工作当中。而对于劳动教育来说，是理论知识与实践能力有效融合的有效载体，学生掌握一些劳动知识后，会在这些知识的影响下，逐渐形成劳动认知，能够积极主动配合教师或其他人员安排的实践劳动。因此，劳动教育在高校教育活动中起着举足轻重的作用。深入对我国高校调查可以发现，虽然大部分高校开展了劳动教育，但其中依然存在一些问题，具体来说，表现在以下几方面：①在高校维度上，领导依然未对劳动教育给予较高的重视，并未针对劳动教育的需求，制定出系统化的制度或体系。②学生接受的劳动教育较少，途径非常狭窄，并未形成良好的劳动意识，缺少劳动热情。③现代社会中，大多数学生均生活在娇生惯养的环境内，未能形成劳动观念，经常躲避学校的劳动。

想要转变该现象，高校就要调整学生的思想观念。虽然国家教育部门在教育改革时，对这一内容产生了一定重视，逐渐进行了一些劳动教育改革，但对于这些劳动改革活动来说，大部分为中小学，而从高校层面着手的并不是很多。所以，高校开展劳动教育活动时，应有效将思政教育融合进来，构建出一种全新的育人模式，通过该模式的应用，转变学生思想，树立劳动观念，使劳动教育在整个高校教育活动中发挥出更大的作用。此外，大多数劳动活动都是由多人共同完成的，通过新育人模式的应用，还可以使学生在劳动中认识到集体力量的伟大，进而培养出学生的团结合作意识。

三、高校劳动教育与思政教育结合育人模式的构建路径

（一）通过优化人才模式，推进劳动教育课程化

高校对人才进行培养时，主要是以社会需求为基础，从课程结构、教学进度等角度出发，构建出不同的培养模式，该模式并非一成不变，而是根据企业对人才的需求不断进行调整的。所以，高校运营时，需要提高对劳动教育的重视程度，转变以往的教学理念，关注劳动教学在学生成长及未来工作中的作用，并从高校的角度出发，在教学课程与人才培养模式内，融入劳动教育相关内容，以对学生加强引导。而这一切活动的开展，均需要以良好的劳动课程为前提。高校对学生劳动教育产生关注之后，会不断影响教师的思维，使其在日常教学活动中，更加重视对学生的劳动教学，并在教师的帮助下，学

成良好的劳动习惯。

具体来说，根据劳动教学的具体要求，采用不同的劳动模式，如劳动讲座、专业劳动等；明确劳动课程的教育内容，制定相应的教学目标，如通过理论讲解活动，提升学生的劳动理念，通过实践劳动活动，培养学生的劳动习惯等。调整课程时间，逐渐提高劳动课程的占比，一学期一般以 34 节课最佳，其中，理论知识传授课程 6 节课，公益劳动 3 节课，专业劳动 24 节课，劳动感受 1 节课。根据各项教学活动的需求，选择一些劳动能力较强，思想政治水平较高的教师作为任课教师；每学期结束时，教师应同常规课程一样对学生进行评价，并根据其日常表现及期末评价结果，对其进行评分，若学生大学四年内存在劳动课程不合格的情况，则不于毕业，直到劳动课程达到合格以上水平。

（二）创新思政教育内容加强劳动教育的融合

作为高校人才培养的关键内容，思政教育以学校提高对劳动教育与人重视程度的基础上，针对不同类型的学生，采取不同的教育方式，通过这些不同教育方式的应用，结合劳动教育这一载体，逐渐对思政教育进行创新，从而为高素质人才培养奠定良好基础。如高校开展思政教育活动时，加入一些马克思主义劳动关系的内容，并以这些内容为中心，搜集相应的教学案例，这样不仅能够提高课程对学生的吸引效率，使其更好地参与到教学活动当中，而且还扩展了教学内容，帮助学生培养出健康的劳动观；入学教育作为学生步入大学第一个阶段，直接关系到其未来四年在大学当中的生活，通过入学教育，提高学生对大学的了解情况，掌握大学课程设置情况。高校还可在入学教育阶段内，加入一些以劳动为主的教学活动，如校园义务劳动等，学生参加完这些劳动活动之后，群体之间分享感受，有效将劳动教育与思政教育融合到一起，形成全新的人才培养模式。最后，在学生将要毕业的时候，高校还要安排专业教师进一步对学生进行指导，以确保学生具有较高的劳动素养，并可以将这一素养有效融入未来的实际工作当中。

（三）丰富劳动教育类型，促进自我教育实现

在我国高校劳动教育中，主要目标是通过劳动课程的开展，实现学生的自我教育。而以往阶段当中，很多高校开展劳动教育活动时，课程内容较为单一，经常使劳动课流于形式，并未从真正意义上实现自我教育。所以，高校为了转变上述这一现象，就要丰富劳动教育类型，采用更多的方式完成劳动教育活动。如劳动讲座，促进学生形成劳动认知，为参与劳动进行一定指引；专业劳动，将学生掌握到的理论知识有效融入实际劳动活动当中，确保学生劳动的合理性；劳动感受的阐述，向他人阐述劳动的艰辛后，不仅可以使自己对劳动产生更加深刻的理解，而且还会对他人起到一定指引作用。

综上所述，在我国经济快速发展以及教育不断改革的背景下，想要打造出更加优质的人才，高校必须将劳动教育与思政教育融合到一起，构建出一种全新的育人模式，通过思政教育活动的开展，逐渐转变学生的理念，并培养出良好的劳动理念与劳动认知，从而为其他学科的学习与未来更好的发展奠定基础。

第三节　高校"3+x"劳动教育模式

2020年3月，中共中央国务院颁布《关于全面加强新时代大中小学劳动教育的意见》。劳动教育作为教育制度的重要内容，是高校立德树人的根本任务。以课程为载体开展劳动教育，是实现学生德智体美劳全面发展的重要途径。将劳动教育课程化，建立科学、合理、规范的课程体系，才能确保劳动教育的有效实施。

一、开展劳动教育课程的必要性

（一）是学生全面发展的需要

近年来，劳动教育在育人过程中逐渐被淡化、弱化。这一现状应该引起社会上下的高度重视。青年一代是祖国的未来和希望，青年强则国家强，要培养国家建设的接班人，就要加强劳动教育，通过劳动达到以劳树德、以劳增智、以劳健体、以劳育美、以劳创新，在劳动教育中实现学生全面发展。

（二）是高等教育改革发展的必然要求

高校是为国家培养高级专业技术人才和管理人才的重要场所。满足现代社会发展需要的人才必须具备基本素质和实践能力，那么，培养学生素质能力的最佳途径就是实践。而劳动的根基在实践，劳动的本质是素养能力的提升。所以，只有通过开展劳动教育，才能使学生在学习与实践中得到德智体美全面发展。因此，将劳动教育纳入人才培养模式，是高等教育综合改革的必然要求。

（三）是大学生专业教育与实践教育相结合的重要途径

现在不少学生专业知识相对较好，但动手能力不足，缺少实践经验，与专业教育形成了两张皮。"教育必须与生产劳动相结合"是学校教育的基本原则。那么通过劳动教育，可以使专业教育和实践教育实现有机融合，让学生在"实践—认识—实践"的过程中学习、感悟，不断提升自身的专业水平、实践能力和创新能力。还有助于培养学生的职业荣誉感和追求精益求精的工匠精神。

二、劳动教育课程设置的指导思想和原则

（一）指导思想

以习近平新时代中国特色社会主义思想为指导，全面贯彻党的教育方针，落实全国教育大会精神，坚持立德树人，坚持培养和践行社会主义核心价值观，把劳动教育纳入高校人才培养全过程，贯穿家庭、学校、社会各方面，与德育、智育、体育、美育相融合，把握育人导向，遵循教育规律，积极引导大学生树立劳动观念，激发劳动热情，养成劳动习惯，实现知行合一，成为社会主义合格的建设者。

（二）课程设置的原则

高校劳动教育应不断强化马克思主义劳动观教育，注重围绕创新创业，结合学科专业开展生产劳动和服务性劳动，积累职业经验，培育创造性劳动能力和诚实守信的合法劳动意识。

1.坚持课程思政教育引领原则

把准劳动教育的价值取向，发挥劳动教育的育人功能，从劳动意识、劳动行为和劳动习惯等方面下功夫，使学生理解并形成马克思主义劳动观，做到热爱劳动、崇尚劳动；在实践中培养学生勇于开拓的创业精神和工匠精神，敢于担当，报效祖国，奉献社会。

2.坚持全面化、系统化的原则

中共中央国务院颁布《关于全面加强新时代大中小学劳动教育的意见》，文件要求劳动教育贯穿学生成长全过程，覆盖学习生活全方位，从理论到实践，从课上到课下，从家庭到学校、从学校到社会，从劳动意识培养，到劳动习惯养成，最终树立劳动价值观，充分体现了劳动教育是一项全面而系统的教育，是学生全面发展的重要途径。

3.坚持与专业实践相结合的原则

现代社会需要的是应用型人才，要求具有一定的动手能力和实践能力。高校在培养学生劳动观念的同时，要积极引导学生注重新知识、新技术、新工艺的学习和应用，在劳动中不断探索用新方法解决实际问题，手脑并用，强化实践体验，积累工作经验，让学生在实践中领悟劳动真谛，明晰努力的方向和目标，不断提升职业素养。

4.坚持循序渐进的原则

高校劳动教育区别于中小学劳动教育，中小学侧重于劳动意识、劳动习惯的养成，而高校劳动教育是在中小学劳动教育的基础上，把理论与实践有机结合，让学生在劳动过程中提高对劳动的认识，并在实践中培养对家庭、对学校、对社会的责任感和爱岗敬业的职业精神，使学生人生观、价值观在劳动中得到升华。

三、构建"3+x"劳动教育模式

（一）"3+x"解读

"3+x"劳动教育模式中的"3"是指学生日常学习、生活的三大领域——学校、社会及家庭，每个领域又包括具体的劳动活动。学校劳动包括校园美化、宿舍内务整理、教室清扫等；社会劳动包括社会公益服务、参与社会治理等方面；家庭劳动则包括生活技能培养与锻炼。"3+x"中的"x"是指根据不同专业的学生开展劳动教育的实施途径，突出开展劳动教育的针对性，如计算机专业的学生可以结合自己的专业走进社区开展小家电维修，为社区居民提供力所能及的便民服务活动。因此，"3+x"劳动教育模式构建体现了普遍性与特殊性相结合、大众化与个性化相结合，基础性与突破性相结合。

（二）课程设计思路

根据劳动教育课程设置的指导思想和原则，结合大学生认知特点，把理论学习和实践学习结合起来，实现知与行的统一。理论教学主要侧重于马克思主义劳动观教育；实践教学包括学校、家庭、社会三大领域的劳动活动，在校学生要在规定的时间内按要求完成必要的基础劳动和突破性劳动，重在培养学生良好的劳动意识、养成劳动习惯，培养职业技能，提升社会及家庭责任感和职业精神，使学生在劳动教育中得到全面发展，成为社会主义建设事业的合格接班人。

（三）劳动教育内容

1. 理论教学内容

理论教学内容主要通过课堂教学环节实施。通过教学加强大学生马克思主义劳动观教育，使大学生深刻理解马克思主义劳动观和社会主义劳动关系，培养新时代的工匠精神，以及培养创造性劳动能力和诚实守信的合法劳动意识。

教学内容包括四个部分：第一，人类发展与劳动。物质生产是"一切历史的基本条件"，劳动是人类特有的属性，劳动是人类生存和发展的基础，是一切财富的源泉，也是社会发展的动力。通过学习使学生深入理解劳动对人类历史发展的决定作用，认识劳动的意义，引导学生树立正确的劳动观。第二，最美的劳动者。通过精选古今中外关于劳动教育经典案例的学习，以及分享自身的劳动经历，引导学生培养热爱劳动、崇尚劳动的思想意识，深刻体验劳动带来的快乐、收获和幸福，在分享中感悟精彩人生，争做最美的劳动者。第三，在劳动中创造价值。通过本部分的学习，带领学生探讨不同劳动形态及其价值，逐渐形成尊重劳动、平等对待不同劳动者的价值观，并在辛勤劳动、诚实劳动和创造性劳动中感受劳动的尊严，在劳动实践中实现人生价值。第四，捍卫劳动。通过学习培养学生劳动安全意识，引导学生在劳动中遵守劳动规范，在社会实践劳动、学校日常劳动、家务劳动，以及专业劳动过程中掌握基本要领，遵守劳动纪律，学会用法律武器维护自己的合法权益。

2. 实践教学内容

实践教学是以学校、家庭、社会为主的劳动活动，以学校日常劳动、专业生产劳动、社会服务劳动、家庭劳动为依托，贯穿大学阶段全过程。除劳动教育必修课程外，其他课程结合学科、专业特点，有机融入劳动教育内容。通过课程教学引导大学生树立正确的劳动观念，在实践中激发劳动热情，养成劳动习惯，培养创新能力和匠人精神，做知行合一的社会主义合格的建设者。

四、劳动教育的实施路径

将劳动教育作为大学生的公共必修课纳入学校人才培养方案，优化课程设置，形成具有综合性、实践性、开放性、针对性的课程体系。针对不同年级、不同专业类型的学生特点，以日常生活劳动、专业劳动和社会服务性劳动为主要内容开展课程教学。其中，理论课安排大一学生第一学期开设，以教师课堂讲授为主，通过系统的知识讲授启发学生，并组织学生开展线上和线下讨论，让学生在聆听与互动中感悟劳动的作用和意义。

实践课以学校日常劳动、专业生产劳动、社会服务劳动、家庭劳动为依托，贯穿大学阶段全过程。根据劳动教育实践课的性质和要求，坚持鼓励先进、树立典型、支持创新的原则，将实践课分为基础劳动和突破劳动两个方面，各教学单位可以结合各专业特点设置劳动活动。

（一）学校生活劳动——美丽校园的守护者

学校生活劳动主要指学生日常生活学习环境的清扫与保洁，包括校园卫生、宿舍卫生、教室卫生等。校园卫生是各教学单位根据学校划分的公共卫生区域，安排班级轮流打扫和保持卫生的区域；宿舍卫生包括宿舍内卫生和宿舍楼公共区卫生两部分，宿舍内卫生由本宿舍学生负责，公共区域卫生根据安排轮流值勤和保洁；教室卫生根据学院安排分组轮流进行。本着自立自强的原则，学校应积极鼓励学生参加勤工助学和校内志愿服务，如校园文明执勤员、餐厅监督员等。学校还可以结合爱国卫生月、植树节、学雷锋纪念日、五一劳动节等开展各类劳动主题教育活动，将劳动教育常态化，把培养大学生劳动品质融入校园文化建设当中。

（二）专业生产劳动——工匠精神的传承者

充分利用学校创新创业教育资源，结合学科和专业特点开展专业生产劳动，主要包括实习实训、专业服务、社会实践等，使学生在实践中获取新知识、新技术、新工艺、新方法，学会创造性地解决实际问题，不断增强诚实劳动意识，积累职业经验，提升就业创业能力，学会在实践中培养艰苦奋斗和奉献的精神。比如学生利用节假日开展社会勤工助学，既可以锻炼自己，也能为家庭减轻经济负担；还可以运用自己的专业知识进行实践训练，用专业技术为自己和他人解决生活问题，使专业技能在劳动中得到进一步提升。

（三）社会服务劳动——社会关爱的传播者

鼓励学生成为注册志愿者，积极参加形式多样的社会公益活动，把为社会献爱心、为社会服务作为学习生活的一部分。大学生在课余时间，可以深入城乡社区、福利院等公共场所开展公益劳动，参与社区治理；也可以利用寒暑假进行社会实践，考察民情体验生活；在社会重大灾害事件发生时，在确保自身安全的情况下，积极参与社会志愿服务和社会治理等，不断提升社会责任感和使命感。

（四）家庭基础劳动——家庭责任的践行者

引导学生摒弃好逸恶劳享受的心理，自觉培养独立生活的能力，掌握基本的家务劳动技能和生活技能，自己动手，丰衣足食；扮演好自己的角色，学会与家庭成员和谐相处，做好和谐家庭的润滑剂；在力所能及的范围内，参与家庭建设，为父母分忧，如打扫卫生、洗衣做饭，修修补补，在分担家务的过程中体验生活的不易，父母的艰辛、家庭的责任，在劳动过程中发现生活的情趣，感受家庭的幸福与快乐。

五、劳动教育实施过程考核与评价

（一）建立劳动教育管理、考核评价机制

科学、健全的管理机制是大学生开展劳动教育有效落实的重要保障。第一，成立劳动教育领导小组，由主管校领导任组长，建立劳动教育管理机构，并组建一支专业师资队伍，承担全校劳动教育的教学和管理任务。第二，制定教学、管理、服务相结合的管理体制，出台相应的总体规划和实施细则，统筹相关劳动教学工作，保障高校劳动教育能够落地落实。第三，加强劳动教育资源开发，建立劳动教育场地和实践基地的建设。第四，完善考核评价机制，将劳动教育课的成绩纳入学生的学业成绩中，作为学生考核重要的部分记入学生档案。

（二）加快劳动教育信息化建设

依托信息化手段对学生劳动教育进行组织和管理。通过开发信息化管理平台、全流程信息化管理、线上线下联动指导学生开展教育活动。利用信息化加强教学管理，对学生的教学过程进行全流程信息化管理，包括课前考勤、教学督导和课后的评测，以及劳动实践活动开展情况，学生成绩评定等环节实施过程管理，并利用信息手段对学生劳动教育效果进行评价与反馈。辅导员及劳动指导教师还可以通过线上线下联动指导学生开展劳动实践活动。

总之，劳动教育是高校开展"立德树人"的重要途径，要使"3+x"劳动教育模式顺利推进，需要学校各单位统筹协调和加快学校劳动教育场所设施的建设；同时，还需要得到社会各界和家庭的大力支持和配合，只有这样才能使高校劳动教育落地落实。

第四节　高校创新创业教育与劳动教育融合模式

《关于全面加强新时代大中小学劳动教育的意见》已经中央深改委审议通过，《意见》提出将创新创业教育与劳动教育紧密结合，打造创新创业教育升级版，成为当前高校创新创业教育的重要任务。高校创新创业教育和劳动教育都是为了解决高等教育人才培养与社会需求脱节问题而进行的理念更新与模式变革，面向未来工作世界、劳动世界培养人才的共同取向，二者在结构上具有很强的内在关联性。从同构共生的系统思维看，二者在教育目标上的互利性、教育内容上的关联性、方式方法上的共通性和师资队伍上的互借性，为二者的紧密结合、同构共生提供了内在可能性与必要性。在实践中，可通过"进阶式"教育目标设计、"呼应式"课程体系设置、"贯通性"实践体验训练、"一体化"师资队伍建设，实现二者紧密结合、双向深化。

2019 年 11 月 26 日，习近平总书记主持召开的中央全面深化改革委员会第十一次会议通过了《关于全面加强新时代中小学生劳动教育的意见》，强调劳动教育是中国特色社会主义教育制度的重要内容，要全面贯彻党的教育方针，坚持立德树人，把劳动教育纳入人才培养全过程。提出了高校创新创业教育与劳动教育相结合的时代命题。教育部2019 年度深化创新创业教育改革的主要任务之一便是"深入推进创新创业教育与思想政治教育、专业教育、体育、美育、劳动教育紧密结合，打造'五育平台'，在更高层次、更深程度、更关键环节上深入推进创新创业教育改革，全力打造创新创业教育升级版"，指明了新时代打造创新创业教育升级版的基本路径。

通过中国知网平台检索可以发现，在"五育平台"建设中，创新创业教育与思想政治教育、专业教育相结合的研究是最多的，截至 2019 年 11 月底，相关期刊论文分别达到了 150 余篇和 400 余篇，有关研究对创新创业教育和思想政治教育、专业教育相结合的意义、目标、内容、机制、方式等进行了全面而深入的探讨；还有两篇论文探讨了美育与创新创业教育结合的价值；另有两篇文章探讨了体育教学中融入创新创业教育的路径和普通高校体育教学资源与学生创新创业教育的融合；但劳动教育与创新创业教育相结合的探讨仍属空白。那么，劳动教育与创新创业教育究竟能不能结合？怎样结合？对这一问题的探讨与思考，对深化新时代高校劳动教育和创新创业教育具有重要现实意义。本节将在明晰创新创业教育和劳动教育概念内涵的基础上，从同构共生的系统思维出发，深入探讨创新创业教育与劳动教育的内在关联性，探讨二者紧密结合的可行路径。

一、创新创业教育与劳动教育的概念内涵交叉重叠

创新创业教育是以培养具有创新精神、创业意识、创业能力和社会责任感的开拓型人才为目标的一种新的教学理念与模式。核心教育内容不是教会大学生"如何创办企业"，而是使大学生能像企业家一样思考与行动，具备将来从事不同职业所需的知识、技能和特质，主要包括：辨别生活中机遇的能力；产生新想法和组合必需资源、抓住机遇的能力；创办和管理新企业的能力；不囿于常规的批判性思维能力。创新创业教育不仅是高等教育主动适应经济社会发展的迫切要求，也是高等教育自身改革发展的迫切要求，是新时期大学生素质教育的新突破，是高校人才培养模式的新方法、新探索。它要求高等学校以培养引领社会发展的开拓型人才为目标，不断更新教育观念，改革人才培养模式，将人才培养、科学研究、社会服务紧密地结合起来，实现从注重知识传授向注重知识应用与能力养成转变，切实提高人才培养质量。

高校劳动教育是顺应新时代劳动发展趋势，对大学生进行系统的劳动思想教育、劳动技能培养与劳动实践锻炼，全面提高大学生劳动素养的过程，目的是引导新时代大学生在劳动创造中追求幸福感、获得创新灵感，培养具有社会责任感、创新精神和实践能力的高级专门人才。通过对劳动教育的概念梳理可以发现，劳动教育既可以理解为"关于劳动的教育"，如培养学生热爱劳动和劳动人民的情感、正确的劳动观念和劳动态度，养成良好的劳动习惯，具备胜任生产劳动的基本知识、技能等，也可以理解为"通过劳动的教育"，即让学生通过生产劳动的实际锻炼，全面提升德智体美各方面素质。完整的劳动教育应该是"关于劳动的教育"与"通过劳动的教育"的有机统一，既要强调关于劳动的思想教育、知识技能培养，又要注重劳动实践锻炼。

因此，作为新时代高等教育人才培养体系的重要组成部分，高校创新创业教育和劳

动教育都是为了解决高等教育人才培养与社会需求脱节问题而进行的理念更新与模式变革，都特别强调要与新时代劳动发展趋势紧密结合，面向未来工作世界、劳动世界培养人才，都特别注重培养大学生的社会责任感、创新精神和实践能力。甚至从某种意义上可以把创新创业教育理解为高校劳动教育的重要组成部分或重要实践模式之一。每个学生都是不同的个体，在思想意识、专业知识、学习能力、兴趣爱好、心理品质等方面都存在差异。

高等教育阶段是大学生走向职场的最后一步训练，教育的核心目标就是全面提高大学生适应甚至引领未来职业发展的各方面劳动素养。因此，从价值取向上，可将高校劳动教育分为两部分——提高大学生就业素养的劳动教育和提高大学生创业素养的劳动教育，后者无疑就是创新创业教育的核心任务。

二、创新创业教育与劳动教育同构共生的内在关联性

所谓同构共生，是指两个系统之间在某些结构上具有相对的一致性或可相互借用的共同要素，且两者之间存在积极的相互依存关系，并通过相互影响形成新的结构，达到互利共生、共同发展的效果。也就是说，同构共生关系得以建立的前提是：两个系统在结构上具有相对的一致性或可相互借用的共同要素。创新创业教育和劳动教育概念内涵上的交叉重叠性说明，它们本身就是一个事物的不同表现方面，因为核心目标与侧重点的不同而表现出不同的形态，但在结构上高度的内在关联性使二者在客观上具备了紧密结合、同构共生的可能性。

（一）教育目标上的互利性

创新创业教育的本质目标是培养企业家精神。著名经济学家汪丁丁认为，一个理想的企业家除了需要具备熊彼特所说的"创新精神"外，还需要具备两种精神：一是韦伯所说的"敬业精神"，将兢兢业业、勤勉节俭、诚实守法、尽职尽责地"赚钱"视为自己的天职；二是诺斯基于新制度主义经济学而提出的"合作精神"，善于从事人类合作的制度创新或者是合作秩序的拓展。因为，企业家不同于商人或老板，他们不仅要善于发现商机，更要具有正确的人生价值观和高度的社会责任感。真正的企业家，既要善于发现并利用市场机会，不断地通过"创造性破坏"获得利润，又要满怀使命感，重视经营好企业为天职，正确处理个人、企业与社会的关系，树立回报社会的人生观，诚实、守信、勤劳、敬业的职业观和克制、节俭的财富观。

但众多调查显示，我国高校创新创业教育比较重视培养大学生的创新精神、奋斗精神、挑战精神，但对敬业精神和社会责任感的培养明显不足。麦可思与中国人事科学研

究院合作进行的"大学毕业生创业跟踪研究"的调查数据显示，在12种创业素质中，大学生创业者认为最重要的素质是创新意识（51.1%）、吃苦耐劳（46.8%）和挑战精神（33.3%），敬业精神和社会道德则排在了最末两位，分别占比11.0%和5.1%。一项对吉林省25所高校的实证调查显示，有45.5%的大学生认为创新创业就是开发一项创新项目，20.3%的学生认为是开公司或办企业，25%的学生认为是开创一份事业，9%的学生认为创业就是赚钱。另一项对陕西省10所高校在校生和创业大学生的调查显示，大学生创新创业的动机中，为了实现自我价值占比最高（25.6%），符合个人爱好占比次之（20.3%），喜欢自由占比第三（17.6%），其后依次是发展前景好（13.4%）、收入高（10.5%），而选择实现社会价值的占比最少，仅为9.2%。可见，绝大多数大学生仅仅把创新创业理解为发挥创新精神和奋斗精神创造财富、实现个人价值，对作为企业家应具备的社会责任感与使命感认识不够。这样的创新创业教育可以培养出大量的商人或老板，但很难培养出真正的企业家。

在全国教育大会上，习近平总书记提出了"要在学生中弘扬劳动精神，教育引导学生崇尚劳动、尊重劳动，懂得劳动最光荣、劳动最崇高、劳动最伟大、劳动最美丽的道理，长大后能够辛勤劳动、诚实劳动、创造性劳动"的总要求，这既是劳动教育的目标，也是培育企业家精神的基石。因为真正的企业家必然崇尚劳动、尊重劳动，由衷地认同劳动最光荣、最崇高、最伟大、最美丽的道理，愿意兢兢业业地通过自己的辛勤劳动、诚实劳动、创造性劳动发家致富，并积极承担社会责任，尊重劳动者，乐于与其他劳动者合作追求利润、创造财富、共享成果。企业家所必须具备的"创新精神"更是新时代创造性劳动的一种典型表现。创新创业教育与劳动教育相结合，有利于引导国人消除将劳动仅仅理解为普通体力劳动的偏见，站在劳动发展新业态的高度重新看待劳动，深刻认识新时代劳动的脑力化与创造性本质。

可见，创新创业教育与劳动教育的目标具有明显的互利性。劳动教育与创新创业教育的紧密结合，既能为创新创业教育提供正确的价值引领，又能推动劳动教育的理念更新。

（二）教育内容上的关联性

四川大学创新创业教育改革成功的重要经验之一是从知识、能力、品质、本领四个方面系统搭建创新创业训练的内容体系。在创新创业知识方面，强调从课程和教师抓起，让学生具备扎实的专业基础知识，知晓创新创业的规律、方法和过程；在创新创业能力方面，强调从课堂抓起，培养学生的独立思考能力、协作精神和社会担当能力；在创新创业品质方面，强调从素养抓起，培养学生守法、诚信、担当、奉献的优秀品质；在创新创业实践方面，强调从平台抓起，让学生在多元化、高端性实践平台中历练创新创业本领。

中国劳动关系学院将创新创业教育纳入课程教育体系和人才培养方案，由专业教师开设创新创业教育课程，聘请企业高管担任校外导师，校企合作建立实践基地，创业就业指导中心组织跟进各类创业实践活动，逐步形成立体化、多层次的创新创业教育模式。

我们认为，高校劳动教育的内容也应该包括三个维度：劳动思想教育、劳动知识技能教育与劳动实践锻炼。在劳动思想教育方面，要特别强调通过马克思主义劳动思想、习近平总书记关于劳动的重要论述和新时代劳动价值观的深入学习，引导学生深刻体认劳动的永恒价值、由衷地理解并认同"劳动最光荣、劳动最崇高、劳动最伟大、劳动最美丽"的真正含义。在劳动知识技能教育方面，不仅要让学生扎实掌握专业知识与技能，更要普及与大学生未来职业发展密切相关的劳动科学知识，如劳动关系协调、劳动法律、劳动经济与管理、劳动与社会保障、劳动安全与卫生、劳动心理健康等。在实践锻炼方面，要把劳动教育融入广阔的第二课堂活动中，全面推进劳动教育与大学生社会实践、志愿服务、创新创业教育、职业生涯教育、就业指导及校园文化的结合，通过多种形式的劳动实践锻炼，全面历练大学生的劳动能力，培养积极的劳动情感态度和正确的劳动价值观。

劳动教育的三个维度都与创新创业教育存在密切的关系。在劳动思想教育方面，对劳动价值的深刻体认、对劳动的积极情感态度、对劳动者及其劳动过程与成果的尊重等，与学生守法、诚信、担当、奉献的优秀创新创业品质息息相关。

在劳动技能培育方面，扎实的专业知识基础是劳动教育和创新创业教育的共同关注点，而必要的劳动科学知识更是创新创业教育中大学生申请创办企业、加强新创企业的风险防范和组织管理应必备的知识。麦可思的调查也显示：市场营销的知识与技术、企业管理的知识与技术、财税金融知识、法律与政策方面的知识都是大学生创业者自我评价的非常重要的学校创业教育内容。

在实践锻炼方面，劳动教育强调让学生结合生产生活实践进行锻炼，以劳树德、以劳增智、以劳健体、以劳育美、以劳创新，全面提高大学生素质，这一点与创新创业教育的实践训练异曲同工。

（三）方式方法上的共通性

在教育方式方法上，创新创业教育和劳动教育都强调"做中学"，都具有突出的实践驱动性。1989年11月，联合国教科文组织在北京召开"面向21世纪教育国际研讨会"首次提出创业教育概念时就明确指出，"创业能力完全是从做中学来的，而不是依靠听讲，因此必须改变学习方式"。多项调查也显示，大学生对创新创业教育的实践需求是很高的。刘伟等对8所高校（含"985、211"高校、一般院校、综合性大学和专科性大学）近1000名大学生调查发现：在"希望获得创新创业知识和技能的途径"这一问题上，选择人数最多的是"到企业亲身实践"，占76.6%；其次是参加"创业计划大赛"，占47.3%，这两种方式都是典型的实践驱动性学习。刘中晓等对浙江省10所应用型本科院校的调查也显示，58.57%的调查者认为"建立创业实践基地，为学生提供场地、设备等环境和服务"是他们最希望的学校应该采取的创新创业教育措施，其次才是开设创新创业课程（50.22%）和提供资金支持（48.59%）。可见，大学生对创新创业教育的实践性学习需求很高，但目前的创新创业教育总体上还不能满足学生的这一需求。

对劳动教育而言，实践性一直是其重要特征，苏霍姆林斯基就认为，"劳动教育是对年轻一代参加社会生产的实际训练"，陶行知也把劳动教育视为教育年轻人"在劳力上劳心"的实践活动。在人工智能来临时代，劳动教育的实践性特征显得更为宝贵，它有助于年轻一代走出人工智能带来的"幻象"，"回归生活自身，回归大自然，回归真实世界，使学生有机会直接面对现象，面对'实事'而可能去'求是'，这是理解世界的机会，是颠覆性创新的机会"。因此，今天高校劳动教育在组织形式上应格外强调实践导向的学习，努力加强学术学习与学生未来专业工作预期之间的联系。劳动教育与创新创业教育所具有的实践性学习特点，决定了可以为二者搭建共同的实践平台，引导大学生走进工作世界、投身劳动生活。

（四）师资队伍上的互借性

师资力量的不足是创新创业教育发展的重要瓶颈。刘中晓等对浙江省高校的调查显示：34.16%的大学生认为学校的创新创业教育师资力量"不能满足需要，严重影响教学效果"，38.50%的大学生选择"勉强满足需要，教学效果较差"，二者合计占比近3/4。北京市高校创新创业教育师资队伍的状况也不容乐观。张秀峰等对北京地区31所高校近900名大学生的调查发现，87%的被访者反映，本校开展创新创业教育课程的老师不能满足自己的需要，从事创业教育和培训的教师大多没有经历过创业实践，没有受过系统的创业教育，教学内容理论性过强，模式僵化，涉猎面太窄，与实践联系不紧密，使有些学生想创新创业却不知道从何做起。刘帆对全国938所高校2300多名从事创新创业教育的教师调查显示，无论是"211"或"985"高校，还是一本、二本、三本甚至高职院校，从事创新创业教育的大多为负责创业就业或学生事务的行政口师资，各高校最缺乏的普遍都是有丰富的创业实践经验或企业管理经验的实践型师资。可见，面向学生和教师的调查都说明，我国高校创新创业教育师资队伍的结构和数量很难满足现实需要。

实际上，无论是创新创业教育还是劳动教育，都需要建立一支多元化、复合型的师资队伍。这两支队伍均需要三方面的力量：一是既懂学科专业理论又懂专业操作实务的

"双师型"专业教师；二是谙熟创新创业或劳动教育的学科知识与教育规律的"专业化"专职教师；三是由各行各业校外优秀实务人员组成的"社会型"兼职教师。可见，两支师资队伍的结构具有高度相似性。无论是创新创业教育还是劳动教育，在本质上都是为了提高大学生适应未来工作世界的能力，都需要指导教师能够很好地将学生当前的理论学习与未来的发展需要结合起来，两支队伍的素质要求也是基本一致的。创新创业教育与劳动教育的师资队伍具有明显的可互借性，打造一支高素质的师资队伍，可同时带动两方面教育质量的提高。

三、创新创业教育与劳动教育同构共生的实践路径

依据创新创业教育与劳动教育结构上的内在关联性，在实践中，可考虑从以下几方面寻求二者紧密结合的有效路径，进行统筹设计，实现二者互利共生、双向深化。

（一）"进阶式"教育目标设计

摒弃对创新创业教育目标的狭隘化、功利化认识，结合新时代社会发展需要和教育规律，循序渐进地设定融劳动价值观塑造和创业意识、创新精神、创业能力培养为一体的"进阶式"大创新创业教育目标观。以劳动价值观的塑造作为创新创业教育的基础性目标，夯实新时代大学生的敬业精神、合作精神、诚信意识、责任意识等优良创业素质的培养，在此基础上依次进阶，设计创业意识培养目标、创新精神培养目标、创业能力培养目标，切实提高新时代大学生从事创造性劳动的能力和水平。

（二）"呼应式"课程体系设置

"面向全体""结合专业""融入人才培养全过程"的基本要求，决定了创新创业教育应是一种面向全体的"普遍性"教育与针对少数的"专业性"教育双轨并行的"广谱式"教育。这种"广谱式"创新创业教育体系，既强调"全覆盖"，又体现"分层次"和"差异化"，包括四个部分：一是面向全体学生开展"通识型"创新创业启蒙教育；二是结合专业和学科特点，开展"嵌入型"创新创业教育；三是针对有明确创业愿望的学生进行"专业型"创业管理教育，提升创业实践技能；四是对初创企业者开展"职业型"创新创业教育，以职业化培训体系帮助创业者度过企业初创期。

劳动教育作为面向全体大学生的普遍性教育，可有效呼应、充实"通识型"创新创业教育和"嵌入型"创新创业教育的课程体系。在创新创业教育启蒙阶段，除开设创新创业通识类课程外，还可配合开设"劳动通论"等劳育类通识课程，"明创业之理"与"明劳动之理"有机结合，为大学生企业家精神的培养打好基础。在"嵌入型"创新创业教育阶段，可结合各专业特点强化本专业的劳动伦理品德教育、劳动法律法规教育及劳动

发展趋势与就业趋势教育，助推学生更好地结合专业学习识别创业机会、预测创业风险、强化创业管理。

（三）"贯通性"实践体验训练

创新创业教育强调"做中学"，这种"做中学"应该是体系化的、贯通性的，而不是散点式的游击战。同样，劳动教育也需要实践性学习，但这种实践性学习绝不是简单的、浅尝辄止的形式化劳动体验，而应该在系统化的劳动实践锻炼中增进知识、技能，培养深厚的劳动情感。因此，创新创业教育与劳动教育均应提倡"贯通性"实践体验训练。依据体验式学习的四阶段——具体体验、观察反思、概念的抽象化、主动检验，贯通性系统设计体验学习的每一个环节。比如，欧洲青年企业联盟大学生创业实践成功的基本经验就是提供"做中学"的良性体验式学习循环：第一步，学生通过青年企业进行真实的创业体验；第二步，接受市场检验、反馈，进入创业反思观察学习阶段；第三步，青年企业联盟为学生提供兼职专家教师指导，进行创业反思后的再次理论学习；第四步，再次学习之后的再次实践检验。

（四）"一体化"师资队伍建设

创新创业教育师资与劳动教育师资的可互借性，决定了各高校可将劳动教育的师资与双创教育的师资合二为一，进行"一体化"建设，达到一举两得、事半功倍的效果。在"双师型"专业教师培养上，要进一步深化校企合作、科教融合、产教融合，鼓励和支持专业课教师深入一线参与生产和管理实践，进行产学结合的研发、教学；在"专业化"专职教师培养上，要把KAB等创业教育培训与必要的劳动科学培训结合起来，培养既懂创业知识又懂劳动发展规律的专职教师；在"社会型"兼职教师队伍建设上，要使各行业领域的科学家、院士、大国工匠、劳动模范、成功创业者、优秀企业家等各类新时代劳动精英进校园活动常态化、机制化、多样化，在各种不同类型的行业精英的示范引领下，实现劳动价值观、创业意识、创新精神、创业能力的一体化培养。

第五节　"三全育人"视域下劳动教育模式

"三全育人"概念的提出，要求各高校进一步完善体制机制，不断进行经验总结，劳动教育在其影响下，要不断挖掘选树先进典型，打造在高校内外具有广泛影响力、有亮点、有成效的育人典范。在劳动教育过程中，要不断加强对外宣传，强化营造育人氛围，通过中青网、学习强国等国家级媒体大力宣传育人的理念、做法和成效等，扩大育人实效。"三全育人"是新时代背景下突出人才培养质量、彰显学生生命力的又一重要举措，而劳动教育在培养德智体美劳全面发展的社会主义接班人中居于突出位置，如何在"三全育人"改革下有效地彰显劳动教育的创造价值，是本节的研究重点。

一、"三全育人"视域下加强劳动教育的意义

（一）加强劳动教育是落实"三全育人"的现实要求

构建全员全程全方位的育人格局，是新时代高校不断完善育人实效、建立健全立德树人落实机制、形成高质量人才培养方案的核心任务。基于社会主义核心价值观，将立德树人贯穿"三全育人"始终，将培养综合素质全面发展的社会主义接班人作为紧要任务。在培育时代新人的社会实践活动中，形成具有高度自觉性、紧密性和融洽性的立体化育人有机体。

为更好地贯彻落实"三全育人"的时代意义，加大劳动教育是顺应教育发展的实际举措。引导全体教师树立育人主动性，保持高度思想自觉和行动自觉，引导全体教师投入"三全育人"改革，不分学工，不分教学，不割裂条块，不个人主义，加快高校教育改革的发展。这既是对学校现有治理体系的重新整合，也是在新时代要求下的改革创新。

（二）加强劳动教育是社会主义建设事业对大学生发展的内在要求

新时代的高校青年学生要紧跟时代发展的洪流，加强高校劳动教育，既是"三全育人"教育改革的内在要求，也是加快大学生成长的催化剂。让青年大学生在劳动中学有所成、学有所长；在奉献中，播撒爱心、志愿服务；在成长中，感受关怀、心系国家。新时代强化劳动的育人功能，必须从思想高度上充分认识劳动教育的政治意义、历史意义、社会意义，引导广大青年学生崇尚劳动价值、追求劳动创造。

二、"三全育人"视域下加强高校劳动教育的路径探索

（一）全员育人，充分发挥个体的作用

高校应当统筹规划好劳动教育的培养计划，利用好劳动教育实践育人的资源，使高校全员协同育人，形成巨大的合力，有助于劳动育人成效的提升。高校教师应当各尽其职，在不同岗位上根据课程性质、岗位职能的区别，有机融入劳动教育的教学观念与课程内容。

高校教师要坚持以学生主体为中心，切勿把劳动教育等同生产流水线，充分发挥双师型教师、学工老师、教学专业老师的主观能动性，努力发现并呵护学生的创新创造。

为此，高校应加强劳动教育评价体系的构建，将劳动教育评价体系和教师职称评定等挂钩，加强教师指导。

"术业有专攻"，高校应当重视对大学生专业技能的培养，这不但需要专业课教师传授相关的职业技能技巧，更需要专业课老师传递正确积极的职业观念，尤其要深入挖掘其中所蕴含的劳动教育课程元素。在课堂上，理论教学应更加注重精神层面的熏陶，例如可以通过对该专业领域内的劳动模范事迹进行宣传，带领大学生从前辈的亲身经历、英勇事迹中汲取力量。此外，教学也要注重实践的力量，在专业课实习实训等实践服务之中突出行动的力量，实现教育教学的全面覆盖。

高校辅导员作为开展大学生思想政治教育的核心力量，与学生接触最多，对学生了解最深，具有不可替代的作用。以学生日常生活中遇到的问题为案例加大对学生劳动观念的传播，更有针对性地将更新大学生劳动理念、推动创新型劳动发展作为着力点。例如在暑期社会实践活动中，高校应当动员或分配好各类老师加入其中，确保学生在开展活动中能得到及时有力的帮助以及劳动意识教育观念的灌输；充分调动学生党员、入党积极分子、团学学生干部、班团干部等力量，提供选题方向南，让少部分优秀学生带动班级其他更多的学生参与其中，形成由点到面的劳动教育辐射带动。

（二）全程育人，构建劳动教育体系

1.全程育人，遵循人才培养规律

年级上，高校教师要引导各年级学生积极参与劳动教育，拓宽视野，提高认知，充分利用第二课堂打造劳动专栏思想政治价值引领；专业上，学生要充分发挥专业特色，紧密结合专业技能，提高专业素养，强化思维度，学以致用；实践上，高校通过加强校企合作，注重人才培养质量，将学校学习与户外实践紧密结合，有针对性地培养社会紧缺型人才，应社会所需；加强平台共享，遵循"企业名师进校园，校园名师下实践"的合作理念，让学生多走出去，让企业多走进来，加强感官认知再到下基层实践，循序渐进，培养学生的劳动意识。

2.健全劳动素养评价制度

学生综合素质考核中应当纳入劳动素养并提高其重要性，激励大学生主动参与劳动，制定好统一的评价标准，全面客观记录课内外劳动过程和结果，确保记录真实可靠，把劳动素养评价结果作为衡量学生全面发展情况的重要内容，避免学生由于被动地参与劳动而收效甚微。高校通过建立奖励激励机制，对优秀劳动成果进行展示，发挥带头示范作用，使大学生综合素质考核中的劳动教育成为评优评先的重要参考和毕业依据。例如在暑期社会实践活动中，高校应当充分认识实践育人的重要性，细化人才培养方案，制定评价体系，可以给予参加社会实践的学生第二课堂成绩单的认定及一些学分学时的奖励。

（三）全方位育人，促进多方联动

充分发挥家庭、社会、学校的协作力量，三位一体，多方面多维度地进行劳动教育，让学生从言传身教中受益。

1. 发挥社会的重要作用

开设特色的劳动课程，促进深化产教融合，例如形成培训、实践基地，使学生劳动意识、劳动技能的培训从校内扩展至校外，积极发挥社会的力量，协调利用各方面资源，为学校劳动教育实践提供支持，扩大学生受益面；鼓励学生走出校园，通过暑期社会实践、青年志愿服务等途径，走入农村、社区，在最基层的地方感受与体验劳动，亲身感受社会主义建设所取得的伟大成就，学习中华民族热爱劳动、艰苦奋斗、勤劳朴素的传统优秀品质；抑或参与打赢脱贫攻坚战，开展实地调研、技能拓展、电商带货、就业服务、医疗扶持、资源对接、信息服务、志智双扶等活动。通过亲身实践，使劳动实践变成"行走的课堂"。

2. 发挥家长的重要作用

家校共建是努力培养好每一个青年大学生的重要举措。家庭对孩子的影响是潜移默化的，孩子的行为举止无不反映着家庭的家风，而家长无疑是家风纯正的引领者。家长在教育过程中，不仅要通过劳动典范对孩子进行激励，还要创造条件安排适宜的劳动任务，让其养成劳动习惯，树立劳动意识；父母要带头进行劳动，爱岗敬业、以身作则，树立崇尚劳动的良好家风，例如爱老敬老等活动，让大学生从家庭氛围中感受到劳动的价值以及传承的可贵，更好地引导子女开展劳动，通过潜移默化地熏陶使子女形成勤劳的品质和良好的劳动习惯。

3. 发挥学校的主导作用

做到全员育人，形成与家庭、社会的联动协同，提高"劳动＋教育"的共振性，真正做到优势互补加大暑期社会实践的育人实效，积极组织学生紧紧围绕传承红色基因、厚植绿色生态、赋能多彩产业等角度，真正做到精准帮扶、积极建言献策，争取更广泛地帮助和支持，让大学生在"三下乡"中真正上好社会的实践课程。

通过加大对学生实践事迹的宣传报道力度，将学生实践事迹广泛宣传，让宣传育人成为"人带人"的助手，鼓励大学生积极参与红色教育、支教助农、乡村振兴等社会实践，引导广大青年学生深入基层了解国情、社情、民情，积极投身实践，在实践中深化理论认识，牢固树立"四个自信"，真正做到在基层中展现青年风采，突出责任担当与价值引领，从而加强大学生对劳动精神的认识，促进大学生劳动实践技能的养成。让大学生树立正确的劳动观念，积极参与到劳动实践中，做到有所领悟、有所收获，获得劳动技能的提升。

三、在社会实践中激活劳动教育思政元素

与传统的思想政治教育不同，大学生暑期社会实践是当代思政教育中新颖而又富有重大意义的一门必修功课，有着无可替代的重要地位，是学生参与社会生活的重要途径，亦是开展思想政治教育的有效路径，对社会物质文明和精神文明的建设也可起到一定的积极作用。社会实践可以有效弥补学校以往思想政治教育过于死板、不够生动、缺乏吸引力的缺点，有助于创新大学生思想政治教育的内容，切实提高思政育人成效，促进大学生在暑期社会实践中增长才干。

大学生积极参加志愿服务等社会实践，接触人民群众，加深对人民群众的了解，建立联系人民群众的感情，树立为人民群众服务的思想。这是学生提前为社会贡献力量的极佳机会，也是当代青年帮助社会文明发展的表现，更是增强大学生适应社会、服务社会和维护社会能力的最好途径。全方位锻炼自己、更新认知、巩固所学，有利于学生培养实际问题的解决能力和增加撰写理论结合实践的报告能力，完成对其自身能力的培养。当代大学生，拥有丰富的书本知识，却缺少将理论与实际联系的机会。社会实践能有效地帮助大学生走出课堂，在实践中获得经验与情感教育，做到有计划、有目的、有成效地实践。不断加深对社会的理性了解，对国情的正确认识，增强学生的社会责任感、社会使命感，坚定正确的政治方向。

"三全育人"教育体系下，需要深度学习运用习近平新时代中国特色社会主义思想来指导劳动教育推动工作，紧扣"三全育人"的现实要求，不搞"形式主义"，不让劳动教育"浮在上层"。在育人实践中加强总结凝练，不断创新，做到"有思想、有温度、有效果、有影响"，最终形成微观一体化育人体系，让每一名大学生真正上好劳动教育这门课，在实践中知史明理，加速自身全方位快速成长。在实践过程中，时刻践行社会主义核心价值观，中国的社会主义事业是需要依靠全体社会成员共同创造的伟大事业，先从最基本的小事，最基本的个人做起，最终实现中华民族伟大复兴。

第三章 高校劳动教育的创新研究

第一节 高校劳动教育的目标

习近平总书记深刻把握国际国内大势，对做好我国新时代教育工作提出新的要求，明确将劳动教育确定为全面发展教育的重要组成部分，努力构建德智体美劳全面培养的教育体系。这一思想指引"历史性地把劳动教育从传统意义上促进青少年全面发展的有效途径提升为重要教育内容"，对于高校加强高校劳动教育提出了新任务、新要求、新课题，也预示着新时代加强高校劳动教育需要新观念、新体系、新设计。新时代加强高校劳动教育，需要在明确目标定位和把握基本原则的前提下，探索创新实践路径，即更新思想观念，全面提高对劳动教育重要性认识；完善机制建设，构建系统化的劳动教育保障体系；扩展实践平台，不断丰富劳动教育的形式和载体；加强宣传引导，努力营造校园劳动育人良好氛围。

高校作为大学生思想政治教育的组织者和实施者，理应全面贯彻落实党的教育方针，推进加强高校劳动教育，帮助大学生成长为德智体美劳全面发展的新时代劳动者，为推进党和国家各项事业发展进而全面建成社会主义现代化强国提供坚强的人才保障和智力支持。

一、新时代加强高校劳动教育的目标定位

劳动教育一直被看作是促进人的全面发展的重要方式，新时代加强高校劳动教育更应实现德育、智育、体育、美育、劳育的内在统一，引导大学生树立正确的劳动价值观、培养积极的劳动态度、培育优良的劳动品德、养成良好的劳动习惯、掌握扎实的劳动知识技能，促进大学生的全面发展。

（一）树立大学生正确的劳动价值观

劳动教育旨在树立大学生正确的劳动价值观，并从内在热情、创造积极性等不同方面培育大学生的劳动素养，这也是劳动教育最首要、最根本的目标追求。思想决定行动，

劳动价值观作为衡量劳动者思想道德品质的重要标准之一，充分反映了劳动者的劳动素养和劳动情怀，在一定程度上决定着劳动者对于劳动的认知和在今后劳动实践中的现实表现。对于大学生而言，树立什么样的劳动价值观非常重要，直接影响着他们对劳动的态度和行为，更关系到他们择业观、就业观、创业观的形成。习近平总书记在全国教育大会上指出："要在学生中弘扬劳动精神，教育引导学生崇尚劳动、尊重劳动，懂得劳动最光荣、劳动最崇高、劳动最伟大、劳动最美丽的道理，长大后能够辛勤劳动、诚实劳动、创造性劳动。"这是习近平总书记对新时代大学生劳动价值观的明确定位。因此，要促进"劳动最光荣、劳动最崇高、劳动最伟大、劳动最美丽"的价值观念在大学生心目中生根发芽，自觉将思想观念内化为实际行动。

（二）培养大学生积极的劳动态度

劳动态度是在一定劳动价值观指引下、在长期劳动情感体验基础上形成的一种相对稳定的对待劳动的心理倾向。长期以来，在我国劳动教育进程中，"热爱劳动"一直被视为劳动者培养的基本劳动态度，并被誉为一种美德。进入新时代以来，习近平总书记曾多次强调，"幸福都是奋斗出来的""新时代是奋斗者的时代"。"奋斗"一词已经成为他讲话中的一个关键词。2019年，在纪念五四运动100周年大会上的讲话中，习近平总书记更是告诫广大青年："今天，我们的生活条件好了，但奋斗精神一点都不能少，中国青年永久奋斗的好传统一点都不能丢。"由此可见，辛勤劳动态度的培养对于新时代加强高校劳动教育来讲，具有重要现实意义，需要不断强化。当前，各种社会思潮风起云涌，青年大学生的思想观念、价值取向正处于形成确立的不稳定期，极易受到拜金主义、享乐主义等不良思潮的消极影响。因此，加强对辛勤劳动态度的培养就显得尤为重要和迫切。

（三）培育大学生优良的劳动品德

劳动品德是指劳动者在劳动过程中所表现出来的道德素养和行为规范，是一种对他人、对社会较为稳定的心理表现和态度表达。诚实劳动是成就梦想的基石，只有以诚实劳动引领社会风尚，人们才能把为社会发展而劳动作为应尽的职责和神圣的义务。培育大学生优良的劳动品德，首先要引导大学生做诚实的劳动者，以创新、创业、创造激情，积极践行新时代劳动精神、劳模精神、工匠精神，在诚实劳动中实现自己的人生价值和理想抱负。随着我国经济社会发展不断的深入，传统劳动伦理受到消解，劳动异化现象开始显现，部分大学生在价值取向和利益抉择上带有明显的自我倾向，过多地强调依靠劳动实现个人的目标追求和利益诉求，却有意弱化对社会责任和义务的承担。因此，培育大学生优良的劳动品德，还要重视家国情怀的培育。我们要把爱国主义教育作为重中之重，积极引导大学生主动将个人成长、职业规划与国家发展、民族进步联系起来，把个人理想追求与国家兴旺发达融为一体。

（四）引导大学生养成良好的劳动习惯

劳动习惯是指在劳动过程中经过反复练习形成，并将劳动发展成为个体需要的一种自主化行为方式。劳动教育不仅要教会大学生如何生活和生存，更重要的是培养学生的创新精神和实践能力，促进人的体力和智力的均衡发展。比如将劳动和体育结合起来，实现体脑结合，帮助大学生养成良好的劳动习惯，进一步提高学习的积极性、主动性和有效性。但也应客观认识到，良好劳动习惯的养成从来不是一蹴而就的，不是一朝一夕间形成的，而是一个循序渐进、持之以恒的劳动实践过程，需要保持好平稳心态，从日常生活中的点滴小事做起，如帮助父母做家务、做好宿舍内务整理、勤工助学等。在大学生劳动过程中还要抓好劳动的开端，尊重学生的自主选择，先从他们感兴趣的劳动做起，让学生充分体悟到劳动的乐趣和意义，以此激发大学生自觉养成热爱劳动的良好习惯。

（五）帮助大学生掌握扎实的劳动知识技能

随着知识经济时代的到来，技术进步在经济社会发展中的地位不断提升，尤其是"创新型国家"战略的实施，更加重视人工智能、机器人等技术研发应用，"中国制造"向"中国智造"迈进，知识型、技能型、创新型劳动大军将会发挥更大作用。在掌握扎实的劳动知识技能过程中，一方面要强化大学生对学科专业知识的学习。"知识无边界，学问无止境"。加强对学校开设的学科专业知识学习也是获取劳动知识的过程，通过学习实现学科专业知识与劳动知识技能的相辅相成。另一方面，还应加强大学生对劳动学科的了解认知。掌握劳动及与劳动相关的一系列学科，如劳动关系、劳动与社会保障、劳动经济学等。可以通过双学位、设立在线开放课程等方式进行扩展学习。这些学科是人类对劳动规律的总结和劳动知识的创新，强化了对劳动问题的专业化、规范化、体系化研究，不仅使劳动理论研究和人才培养质量迈向更高水平，而且也深化了学生对劳动的认识，有助于进一步教育引导大学生懂劳动、爱劳动、会劳动，全面提升劳动素养。

二、新时代加强高校劳动教育的基本原则

新时代加强高校劳动教育，需要在明确目标定位基础上，结合新时代新要求和大学生群体思想行为特点，重点把握好以下四个基本原则：

（一）坚持思想教育与劳动教育相结合，注重劳动教育的价值塑造

新时代加强高校劳动教育是系统提升受教育者的劳动素养，促进其德智体美劳全面发展的实践活动过程。劳动是人的社会属性，从利于学生职业发展的视角来看，掌握一定的劳动知识技能以及具备正确的劳动观念、劳动态度、劳动品德是最首要、最迫切的发展需要。因此，高校开展劳动教育要在重视劳动技能和劳动锻炼的同时，还应坚持劳动教育与思想政治教育相结合，既要激励大学生努力学习劳动理论知识、提高劳动技能水平，还要加强大学生价值观念塑造、劳动情感培育，强化劳动责任感、使命感、荣誉感。关键的是，要把社会主义核心价值观教育融入劳动教育的全过程，推出一批富有思想性、知识性、教育性的劳动实践项目，通过多种形式，培养学生的创新精神和实践能力，实现以劳育德、以劳增智、以劳强体、以劳育美，为成就大学生的幸福人生奠定坚实基础。

（二）坚持内在价值与外在价值相结合，体现劳动教育的人文关怀

中华人民共和国成立以来，我国劳动教育的政策发展经历了不同历史阶段，通过梳理发现，虽然不同历史时期我国劳动教育的价值诉求侧重点各有不同，但也有一些共同之处，就是我国劳动教育表现出明显的服务社会发展的外在目的取向，每一次都是来自教育系统之外的需要左右着劳动教育的走向。这反映出我们对劳动教育的价值内涵把握不到位，忽视了劳动教育在人才培养过程中的重要作用，割裂了劳动与人的身心健康及全面发展之间的逻辑关系。新时代加强高校劳动教育，要坚持"以生为本"的教育原则，尊重大学生在劳动教育中的主体地位和作用，切实增强大学生在劳动活动中的幸福感、获得感、安全感。在此基础上，引导大学生自觉把个人的理想追求融入国家和民族的事业中去，建构个人与集体、个人梦与中国梦融合统一的命运共同体，实现新时代大学生的全面发展。

（三）坚持正向激励与负向激励相结合，突出劳动教育的示范引领

劳动教育是促进人的全面发展的重要内容，也是高校落实"立德树人"根本任务的重要途径。新时代加强高校劳动教育需要构建"以生为本"的多元化考核评价体系，坚持正向激励与负向激励相结合的基本原则，创新激励约束机制。可以采取将考核评价成绩作为评奖评优、入党入团重要依据及设立专项奖学金等方式，有效调动大学生参与劳动教育的积极性和主动性，充分发挥榜样的示范引领作用。劳动教育成效的评价，要满足多角度、多形式的多维要求，对于学生的劳动理论知识认知情况可以使用卷面测试、论文撰写等形式进行量化考查，而对于学生的劳动实践效果可以采取社会实践、志愿服务等形式进行质性评价。在评价过程中，要科学对待大学生和教育者之间主客体关系，既要评价大学生在劳动实践中的劳动纪律、劳动态度、劳动技能等，也要对教育者的授

课能力、专业劳动技能水平等进行评价。

（四）坚持校内教育与校外教育相结合，拓宽劳动教育的路径选择

高校作为大学生日常学习生活的第一场所，其优越的人文环境和良好的硬件设施对于大学生的观念塑造、素质提升、习惯养成具有积极作用，尤其是在发挥劳动综合育人方面作用突出，是开展高校劳动教育的主要阵地。社会和家庭作为大学生学习生活的第二场所，在大学生的成长成才过程中发挥着重要作用，对加强高校劳动教育的效果影响值得重视，是高校开展劳动教育工作的延伸和有益补充。因此，需要把握高校、社会、家庭各方面的教育优势，建立校内与校外的协同育人机制，高校运用教学场景优势，突出观念塑造作用；社会依托实践场景优势，强调素质提升作用；家庭发挥劳动场景优势，强化习惯养成作用。劳动教育是实现大学生社会性发展的教育活动，必须打破高校的劳动教育话语权垄断地位，促进高校、社会、家庭三方优势资源的整合提升，共同推进高校劳动教育取得实效，达到"1+1+1>3"的教育效果。

三、新时代加强高校劳动教育的实践路径

新时代加强高校劳动教育要深刻认识和把握教育发展规律，着力在思想观念、机制建设、实践平台、宣传引导四个方面创新实践路径，构建多元化、系统化的劳动教育体系，赋予大学生全面发展以新动能。

（一）更新思想观念，全面提高对劳动教育重要性的认识

当前，在以习近平同志为核心的党中央的高度重视和大力推进下，我国高校开展劳动教育的良好氛围正逐渐形成。但也应清醒地看到，高校在推进劳动教育落地生根方面成效不明显，劳动教育在整个高校教育教学体系中仍属于薄弱环节。造成这种现状的根本原因，在于对劳动教育所蕴含的价值认识不足。因此，高校必须更新思想观念，全面提高对劳动教育重要性的认识。

首先，高校要坚持以习近平新时代中国特色社会主义思想为指导，贯彻落实全国教育大会特别是习近平总书记的重要讲话精神，切实用以武装头脑、指导实践、推动工作，深刻认识劳动教育在高校教育教学体系中不可或缺的重要地位与独特价值。其次，高校要深刻理解和把握新时代劳动教育的崭新意蕴。今天的劳动教育不是过去离开教室去体力劳动模式的简单回归，而是让大学生通过劳动体验实现知识的内在建构、劳动价值的认同和技能水平的提高，并且依靠劳动不断进步提升，达到自我突破、发展、完善的目的，最终实现自身的全面发展。最后，高校要深刻理解和把握德智体美劳的辩证关系。客观认识劳动教育的综合育人功能，不能将其视为包含在其他四育之内的元素，而应将其看

作是相对独立的重要平台，是对德智体美教育的有力支撑。

（二）完善机制建设，构建系统化的劳动教育保障体系

完善机制建设，构建系统化的劳动教育保障体系，是新时代加强高校劳动教育落到实处的关键。高校劳动教育在机制建设包含三个层面。

机构设置层面，根据学校自身实际，设立劳动教育委员会负责统筹推进劳动教育相关事务，或者赋予业务职责相近部门劳动教育职能，构建形成课程教育、理论研究、实践开展"三位一体"的劳动教育体系。

经费保障层面，高校在进行经费预算及分配时，要加大劳动教育经费投入力度，为劳动教育有序开展提供强大动力。

制度规范层面，一是高校制定颁布科学规范的规章制度。出台的规章制度应对高校开展劳动教育的主要目标、基本要求、实施方案、奖惩措施等进行明确说明，为高校劳动教育工作的开展提供法律依据和支持。二是完善劳动教育课程体系，拓展课程内劳动教育内容。应坚持显性教育和隐性教育相统一，既要突出显性劳动教育功能，开设专门劳动教育课程，向大学生传授就业、择业及创业等与职业发展相关的劳动科学知识；又须强化隐性劳动教育作用，发挥"课程思政"育人作用，深入挖掘利用专业教育、思想政治教育和各类第二课堂活动中所蕴藏的宝贵劳动教育资源，如在专业课程学习中加入相应学科劳模人物事迹宣讲、思想政治理论课教学融入劳动教育史讲授等。三是制定分层次的教育内容体系。不同年级学生在专业认知、身心发展规律等方面有所不同，劳动教育内容要根据学生年级不同分层次设定，以此激发学生辛勤劳动、诚实劳动、创造性劳动的内生动力。

（三）扩展实践平台，不断丰富劳动教育的形式和载体

新时代加强高校劳动教育要充分利用校内校外的各种实践载体，创新劳动实践方式和途径，让劳动教育走出课堂，走进校园、社区、农村、工厂、军营等。通过大力拓展各具特色的劳动实践平台，开展形式多样的教育活动，帮助大学生在劳动认知、劳动品德和劳动能力等方面产生"质"的飞跃，努力成为可堪大用、勤于奋斗的栋梁之材。

一是发挥社会实践主渠道作用。高校应以尊重学生个人兴趣为基础，以开展社会实践为主线，以提升学生劳动实践能力为目标，组织学生到机关事业单位、工业企业尤其是到艰苦边远地区和基层一线开展劳动实践，多渠道、多形式推进校外劳动教育实践基地建设，让学生在参与劳动实践过程中"受教育、增才干、做贡献"。高校还应组织学生到敬老院、爱心福利院等慈善公益单位开展志愿服务，引导大学生在公益劳动中自觉树立正确的劳动价值观。二是充分发挥校园公共活动场所的作用。高校要注意挖掘各类

校园公共活动场所中的劳动育人元素,重视发挥其对于学生劳动精神的培养作用。例如,在餐厅、学生宿舍、图书馆、体育活动中心等高校较有代表性的校园公共活动场所设置志愿服务岗位,学生在这些场所中学习生活,为了保持公共空间的整洁、美观,自然也会产生一些劳动力。三是将劳动教育元素融入各类思想政治教育活动中。劳动教育的过程就是个体能够将劳动变为自觉意识、自觉追求和自觉行为的过程,它必须渗透到教育的各个环节。新时期加强大学生思想政治教育,高校须结合学生实际开展形式多样的主题活动,并在活动开展过程中融入劳动理念、劳动行为等元素。

(四)加强宣传引导,努力营造校园劳动育人良好氛围

新时代加强高校劳动教育,要充分利用新媒体、传统媒体等各类媒体平台将劳动价值观的宣扬与高校宣传工作紧密结合,通过宣传劳动模范先进事迹,教育引导大学生不断深化对劳动的认知并自觉践行劳动精神,着力营造"劳动气息满校园、劳动场景时时有、劳动活动人人上"的校园劳动育人氛围。

校园文化作为高校育人的重要实现途径,能为促进学生成长成才营造良好文化氛围。高校可将"生态理念"与劳动教育相结合,将劳动元素融入校园内的花园、长廊、景观湖等自然场景中,如利用现有的花园打造劳动主题文化园地,形成"廊、场、塑、亭、馆、苑"等校园劳动文化格局,因地制宜营造劳动育人良好氛围,让校园的每一处景观都能"说话",每一个角落都能润德,每一分气息都能熏陶。形成邀请相关行业领域科学家、院士、大国工匠、劳动模范等先进人物进校园的常态化机制,充分发挥各行各业新时代劳动精英对大学生成长的引领示范作用,充分展现新时代高校对劳动精神的尊重与崇尚。除此之外,在营造劳动舆论氛围上,要紧跟时代潮流,创新宣传方式,综合利用网站、宣传栏、校园广播、微信、微博、抖音短视频等各类媒体平台,充分发挥融媒体在营造校园劳动育人良好氛围中的舆论宣传优势,有效提升校园媒体的感召力,让学生对校园媒体所传播的语言文字"看得见、听得着",真正使学生从内心认同践行劳模精神、劳动精神、工匠精神。

第二节　高校劳动教育模式

劳动教育是全面贯彻党的教育方针的基本要求,是践行社会主义核心价值观的有效途径,是培育担当民族复兴大任时代新人的重要举措。全面加强和改进劳动教育是学校教育当前和今后一个时期的重要任务。高校应认真学习贯彻习近平总书记关于劳动教育

的重要论述和指示批示精神，立足培养担当民族伟大复兴时代新人的光荣职责，突出劳动精神涵养，强化劳动技能培养，养成劳动自觉，探索创新新时代高校劳动教育模式。

2018 年 9 月 10 日是我国的第 34 个教师节，全国教育大会胜利召开，习近平总书记出席会议并发表重要讲话，强调"坚持中国特色社会主义教育发展道路，培养德智体美劳全面发展的社会主义建设者和接班人"，提出了新时代劳动教育的基本要求——引导学生"弘扬劳动精神"，尤其是担当中华民族伟大复兴的斗争精神；新时代劳动教育的重点——引导学生"崇尚劳动、尊重劳动"，促成科学劳动理想信念的形成；新时代劳动教育的成效——引导学生懂得"劳动最光荣、劳动最崇高、劳动最伟大、劳动最美丽"的道理，培育科学劳动价值理念；新时代劳动教育的目标——引导学生"辛勤劳动、诚实劳动、创造性劳动"，培育科学道德观念、丰富教育培养体系、完善人才培养体系。习近平总书记的指示精神为新时代劳动教育指明了方向，进一步回答了"培养什么人"这一学校教育的首要课题。在中央全面深化改革委员会第十一次会议上，习近平总书记主持审议了《关于全面加强新时代大中小学劳动教育的意见》，强调"劳动教育是中国特色社会主义教育制度的重要内容""全面贯彻党的教育方针，坚持立德树人，把劳动教育纳入人才培养全过程，贯通大中小各学段，贯穿家庭、学校、社会各方面"，对新时代劳动教育进行总体部署。

劳动教育的本质在横向上表现为三个方面：培养笃信劳动价值观、弘扬劳动精神、养成劳动技能与习惯的中国特色社会主义建设者和接班人。劳动价值观是劳动观念的核心和精髓，决定着劳动理念态度和劳动技能和劳动习惯的培育。"劳动首先是人和自然之间的过程，是人以自身的活动来中介、调整和控制人和自然之间的物质变换的过程"。习近平总书记指出，"劳动是财富的源泉，也是幸福的源泉"。劳动创造的价值体现在满足了人之所以为人的各种需求。劳动是价值创造的唯一源泉，是推动人类社会进步的根本力量。我们正是通过劳动取得了世所罕见的"两大奇迹"，更要践行劳动价值、弘扬劳动精神，奋进在中华民族伟大复兴中国梦的伟大征程上，续写更大的世所罕见的"奇迹"。劳动精神是劳动者在劳动过程中形成的以"崇尚劳动、尊重劳动"为时代引领、以"辛勤劳动、诚实劳动、创造性劳动"为实践特色、以"劳动最光荣、劳动最崇尚、劳动最伟大、劳动最美丽"为价值归宿的精神特质，表现为"工匠精神""劳模精神"等具体形态。劳动精神是激励新时代大学生砥砺奋进、实现民族复兴伟大梦想的强大精神力量。劳动精神在新时代的核心内容是"斗争精神"，是实现"两个一百年"奋斗目标进而实现中国梦的精神支撑。劳动技能与习惯是劳动者在劳动过程中形成的必备劳动技能，养成"尊崇劳动、勇于创新"的劳动习惯，成为"流自己的汗、吃自己的饭"的有尊严有教养的新时代公民。劳动技能与习惯是社会主义按劳分配制度的现实要求，是新时代大学生在追求民族梦想实践中实现个人价值的有效载体。

劳动教育的在纵向上可分为三个阶段。第一阶段，适应转变阶段。加强职业能力规划引导，以劳动价值观教育、个人劳动基本技能训练为重要内容，以自我服务劳动、公益劳动为主要形式，形成正确的劳动价值观和崇高的劳动情感，自立自主的劳动习惯和日常生活技能，养成自律利他勤勉的良好品德和行为习惯。第二阶段，巩固提高阶段。开展专业教育，以实验实训为依托开展职业劳动知识技能训练、劳动素养养成教育为重点内容，以专业见习教育和社会实践为主要形式，形成正确的劳动意识和科学的劳动技能，增强社会责任感和学习使命感。第三阶段，全面发展阶段。培育劳动意识，以创新创业为载体开展创造性劳动为重点，在教师指导下主动参与科研活动，厚植科研兴趣，发展创造思维，形成正确的劳动习惯和科学的劳动素质，具备参加社会主义建设的思想意识和工作能力。

一、新时代高校劳动教育的核心

培育劳动精神和培育劳动品德。习近平总书记强调要把立德树人根本任务融入教育各层级、教学各环节，校内治理各体系"要围绕这个目标来设计"，"教师要围绕这个目标来教，学生要围绕这个目标来学"。劳动教育作为学校教育的一种主要载体，也要自觉承担起"立德树人"的根本任务，按照这个目标来设计教育教学活动。按照新时代的德育要求，培养大学生的劳动品德，这是劳动教育落实高等学校立德树人根本任务的生动体现，是培养担当民族复兴大任时代新人的有效载体，是培育"听党话、跟党走"为中国特色社会主义奋斗终生有用人才的忠实践行。

新时代，劳动精神表现为崇尚劳动乐于奉献的时代担当、善于劳动坚定中国道路的价值自觉、乐于劳动开拓进取的创新意识、勇于劳动攻难克艰的斗争精神，这是伟大民族精神的时代要求，是推动时代发展的精神动力。一些大学生在中学阶段以升学为唯一目标而缺乏生活自理能力，到大学后存在角色转换困难，出现心理健康危机、学习危机和生活危机，呈现出"四体不勤""五谷不分""宅男""啃老族"等现象，无不是缺乏劳动精神的体现。现实需要我们在做好大中小学劳动教育一体化教育体系设计的同时，做好因中小学缺乏劳动教育而出现不适应校园生活的高校劳动教育再教育，使其快速提振精神、聚焦根本任务，做一名新时代大学生。在新时代培养劳动精神，尤其要弘扬斗争精神，斗争精神是中华民族在追求伟大复兴征程中形成的"六亿神州尽舜尧"的人民情怀、"革命理想高于天"的理念信念、"敢教日月换新天"的高尚品质、"宜将剩勇追穷寇"的气节操守。

劳动品德是劳动者在劳动过程中体现出来的道德品质，是劳动者依据一定的社会道德、行为规范、劳动行为所表现出来的比较稳定的心理特征或倾向，在当代主要表现为"对党忠诚、坚定信念"的政治品格，做贯彻落实习近平新时代中国特色社会主义思想的坚定信仰者和忠实践行者；"热爱人民、报效祖国"的家国情怀，把祖国和人民的需要放在首位，做爱国主义的坚守者和传播者；"爱岗敬业、乐于奉献"的敬业风范，立足本职岗位做贡献，作为祖国和人民默默奉献的职业人和敬业者；"敢为人先、勇创一流"的创新精神，潜心钻研砥砺前行，做创新创业的开拓者和示范者；"自力更生、战天斗地"的革命豪情，鞠躬尽瘁艰苦奋斗，做实验中华民族伟大复兴中国梦的追梦者和筑梦者。劳动品德将劳动者的前途命运与国家的命运、将劳动者的理想与国家的理想统一起来，成为中国特色社会主义的拥护者、建设者、捍卫者。

二、新时代高校劳动教育的层次

以劳动价值为引领的劳动知识、劳动能力、劳动素质的一体化教育体系。

劳动知识是指劳动者在劳动过程中形成的有关劳动的基本知识，既包括基本的劳动知识，也涵盖各学科专业发展的相关知识。基本知识教育由劳动教育专兼职教师进行，专业劳动知识则由专业教师结合专业知识学习和实践活动开展。劳动知识是劳动能力和劳动素质形成的基础。

劳动能力是指劳动者在劳动过程中形成的有关劳动的基本能力，既包括基本的劳动能力，也涵盖各学科专业发展的相关能力。这既需要专业劳动教育教师的倾心传授，更需要专业老师的悉心提点。劳动能力的提升有赖于劳动知识的学习和积聚，劳动能力提升后也能促进劳动知识的习得。劳动能力经过实践锻炼经过的积累就会形成劳动素质。

劳动素质是指劳动者经过生活和教育活动，了解和掌握与劳动有关的理论知识与实践策略，是一种较为稳定的与劳动有关的基本素养体现。

当然，劳动知识、劳动能力、劳动素质是在一定的劳动价值观引领下形成和发展的。在当代，要遵循社会主义核心价值观，在劳动教育中，要充分发挥劳动价值观的引领作用。在中国特色社会主义进入新时代的今天，更要一以贯之聚焦劳动价值，围绕劳动价值观开展教育教学活动，积极弘扬践行社会主义劳动价值观念，要按照学思用贯通、知信行统一的要求，构建螺旋式上升的劳动教育体系，全面完成劳动教育任务。

三、新时代高校劳动教育的内容和路径

（一）构建"四位一体"的劳动教育课程体系

在劳动教育内容上，要构建劳动价值观教育、劳动品德教育、劳动技能教育、劳动习惯教育四项内容相融相合、互促互进的课程体系。

劳动品德教育。加强劳动品德教育，养成"淡泊名利、甘于奉献"的社会主义劳动品德，诚实劳动合理取酬，牺牲小我成就大我，引导学生自觉投身到中国特色社会主义建设的伟大事业中去。

劳动技能教育。把劳动教育与基本生活（学习、工作）技能训练、专业实践实训等结合起来，培养学生学会基本的劳动生产技能，促进学生全面发展，为中国特色社会主义建设输送所需的劳动人才。结合校内的专业课，让学生自己动手来制作完成课程设计、毕业设计、见习等增长学生的劳动技能。结合校外的劳动实践活动，让学生通过社会公益活动、社会生产劳动和其他的社会实践类活动，促进学生劳动技能的提升。

劳动习惯教育。加强劳动习惯教育，养成爱惜公物珍惜资源的生活习惯、独立钻研善于思考的学习习惯、锐意探索精益求精的科研习惯、忠于职守讲究效率的工作习惯等基本习惯，形成一种自觉劳动的行为习惯。

（二）构建"四位一体"劳动教育路径体系

在劳动教育路径上，要构建劳动教育课程主导、学科专业课程融合、校园文化熏陶和实践活动感悟四种途径相融相合、互促互进的路径体系。

1. 劳动教育课程主导

制定劳动教育课程标准，编写劳动教育教材，推进劳动教育示范课程建设；开发线上劳动教育资源教学库，建设线下劳动教育实训场所；积极探索开设"新时代高校劳动教育概论"独立课程，列入培养方案、编入教学计划、记入课程表。课程包括理论课和实践课两类，理论课部分在第一课堂完成，采用混合式教学模式；实践课部分在第二课堂完成，由教务处统筹，各二级学院具体负责，采用值日生和劳动周方式，借助产教融合、校企合作以及学校资源，创建联建或共享劳动实践基地，指导二级学院开展实践教学；坚持开设"劳动哲学""劳动伦理学""劳动文化学""劳动社会学""劳动经济学""劳动教育学"等一系列"劳动+"课程，深入开展劳动教育的理论探讨，丰富劳动知识，提高劳动理论素养，增强劳动价值认同。

在思想政治理论课开展劳动教育的专题教学，在《思想道德修养与法律基础》中，开展"劳动精神""劳模精神"等专题教育，感知劳动魅力；在《中国近现代史纲要》中，

开展"大国工匠"等专题教育，感知中国发展"奇迹"；在《形势与政策》中开展"时代楷模"等专题教育，担当新时代重任。

积极打造劳动教育社团品牌，积极开展志愿者活动，鼓励学生学习劳动精神、劳模精神和工匠精神，培育勤工助学典型，在学生中形成促劳动、爱劳动、善劳动的良好氛围。以座谈会、主题班会、党团组织生活等形式，组织学生深入学习领会习近平总书记系列重要讲话中对劳动精神和奋斗精神的阐述，结合时代主题和生动案例提升学习效果。

2. 学科专业课程融合

健全完善人才培养设计体系，按照新时代中国特色社会主义建设者和接班人的要求，服务"两个一百年"奋斗目标和中华民族伟大复兴中国梦，坚持"四个回归"，对标"六卓越一拔尖"计划 2.0 和"新工科、新医科、新农科、新文科"建设要求，调整完善人才培养设计体系，充实丰富劳动教育内容，培育德智体美劳全面发展的新时代社会主义劳动者。

积极挖掘学科专业教学中的劳动教育元素，如文科类专业的社会调查和田野调查、理科专业的实验统计、工科医科专业的实训实操、艺术学科的作品创作等，实现专业教育与劳动教育的有机融合。要将劳动教育渗透到专业课教学中，专业课教师要在课堂上结合专业内容对学生进行劳动教育。深化劳动教育融合专业课程，在课程学习中适时适当适度融入专业劳动知识与技能、劳动纪律、劳动法、职业道德等内容，使学生在培养专业素养过程中，锤炼劳动意识、培育劳动情感、提升劳动技能、形成劳动习惯。

3. 校园文化熏陶

将劳动教育融入思想引领和校园文化中，充分挖掘校史校训、校风教风学风中的典型人物和典型案例，整合媒体力量，加大宣扬传播力度，传承大学精神。每一所大学都是在如歌的岁月中发展成长起来的，都有一些可歌可泣的校园故事，担负着大学精神基因的传承，这是不可多得的教育素材。推进楼馆合一，赋予教学楼文化展示功能，如在工科院系张贴"大国工匠""工匠精神"的宣传资料、在理科院系张贴国家科学技术奖获得者的宣传资料等，激发学生的报国热情。组织开展"奋斗的我、最美的国"新时代先进人物进校园工作活动，激励广大学生崇尚先进、学习先进、争做先进，教育引导广大学生坚定理想信念、坚定"四个自信"、坚定听党话、跟党走。邀请大国工匠、劳动模范、"非遗"传承人开展校园活动，让学生近距离感受工匠精神和劳模精神，领悟劳动精神和奋斗精神的内涵。

将劳动教育融入社会实践中，设定相应主题，采取丰富多彩的教育形式和喜闻乐见的活动方式，以五一劳动节为节点，打造富有特色的劳动文化节，推出"我身边最美劳动者"等先进典型评选活动,激发学生以"劳动为荣"的荣誉感和自豪感。邀请新时代先进人物和专业劳动协会的人员担任校外辅导员或到校开展劳动教育专题讲座,亲身示范,指导学生开展劳动。

4.实践活动感悟

强化实践教学基地建设,争取社会各方面支持,开发实践教学资源,建立校外实践教学基地,引导学生走出校门,到基层去,到工农群众中去,提高社会实践的质量和效果。加强与校外实践教学基地的交流,充分发挥实践教学基地的育人作用,升华学生对劳动精神的体验感受和认知理解。

结合专业实习实训。以实验实训课程、技能竞赛和顶岗实习为抓手,在校企融合、产教融合过程中,强化学生专业技能,建立劳动技能证书资格认证制度,让学生获得技能技巧,培养劳动责任感、集体主义精神,增强纪律意识,提升劳动素养。

结合校园环境治理。实行校园卫生责任包干制,在校内道路、食堂、图书馆、公共区域设置卫生责任区,由学院分区包干,配合物业每周对各自包干区域进行卫生清洁,开展爱国卫生运动,共创文明校园。做好"文明宿舍"创建,开展"文明宿舍"评比活动,创造整洁、文明、舒适的生活环境,增强学生劳动意识,养成勤于劳动的良好习惯,建设内务整洁、秩序井然的宿舍育人环境。

结合校内治理。拓宽勤工助学渠道,逐步增加校内勤工助学岗位,加大后勤管理部门、图书馆等部门合作,为学生提供力所能及的勤工助学岗位,通过勤工俭学磨炼自身意志,增强学生综合素质,培养学生热爱劳动、自强不息的奋斗精神。

结合志愿服务。开设"菜单式"志愿劳动服务项目,每月公布志愿劳动服务项目,由学生根据兴趣选择,并利用学雷锋日、植树节、劳动节等时间节点组织志愿劳动活动,推进学雷锋活动制度化、常态化。

四、新时代实施高校劳动教育的保障

加强劳动教育的保障体系建设,围绕人才培养目标,遵循大学生成长成才规律,构建机制灵活的保障体系。

(一)组织保障

加强党对学校的全面领导,发挥党委管党治党、办学治校的主体责任,组建党委领导、校长主管、分管领导协调联动的劳动教育工作体制。学校党政会议要制订劳动教育的总体规划与实施计划,定期分析劳动教育工作状况,扎实推进劳动教育工作。各二级教学院系也要成立相关机构,确保劳动教育落实落细。

（二）队伍保障

构建专职教师队伍。鉴于目前高校劳动教育刚刚起步的实际，从党政管理干部、思想政治理论课教师、各专业实验实训指导教师、辅导员等校内教师中遴选一批专职负责劳动课程的教师，具体从事劳动知识的讲授、劳动技能的训练等工作。加强专职教师队伍的业务能力培养，按照劳动教育的内容，采取定向培养的方式，开展集中培训，迅速形成高质量的专业师资。加强实验实训教师和专业教师的劳动教育意识，在教学过程中注重培养学生的劳动技能，形成良好的劳动习惯。

（三）制度保障

建立健全劳动教育工作制度体系，逐步健全劳动教育的规章制度。建立高效的统筹协调机制，整合劳动教育资源。建立完善的评价机制，构建闭环评价反馈体系。

（四）经费保障

加大劳动教育的资金投入，设立专门预算科目，做到专款专用，确保劳动教育与实践、师资培养与培训、表彰奖励等所需费用。积极拓宽教育资金筹措渠道，引进社会资金，建立持续投入的良性机制。

（五）条件保障

建立校内外劳动教育实践基地，拓展校内劳动实践项目，结合五一等时间节点开展扎实有效的实践锻炼，结合文明校园创建活动等，开展各具特色的劳动锻炼；立足专业特点，结合校外专业实践基地建设，开展具有专业特点的劳动教育活动，拓展劳动教育阵地，形成多渠道、多时空劳动教育体系。

第三节　高校劳动教育培养体系

劳动是推动人类社会发展的源头活水，社会的一切进步都离不开劳动。在我国国民教育体系中，劳动教育拥有与德智体美教育一样重要的地位。伴随中国特色社会主义进入新时代，国家、社会、学校、家庭虽然对高校劳动教育的认识水平和重视程度都明显提高，教育效果也有了显著改善，但是仍然存在教育理念急功近利、缺乏务实性，培养目标含混不清、缺乏纲举目张的确定性，培养体系虚无缥缈、缺乏落地生根的可行性，教育方式枯燥单一、缺乏生动活泼的生活性，教育效果参差不齐、缺乏行之有效的评判性等问题。在新时代，高校劳动教育应当以培养光荣劳动、辛勤劳动、诚实劳动和科学劳动等观念为核心目标，积极探索以体验式、雇主式、参与式和生存式为主要维度的实践育人路径，最终形成"三全"劳动育人的高校劳动教育体系。

2018年5月2日，习近平在北京大学师生座谈会上提出，我们的教育要培养德智体美全面发展的社会主义建设者和接班人。在9月10日的全国教育大会上，习近平又进一步指出，教育的首要任务是培养德智体美劳全面发展的社会主义建设者和接班人。一字之增，真正体现出劳动教育在育人体系中的战略价值。正如习总书记所说，劳动教育也应当"贯穿基础教育、职业教育、高等教育各领域，学科体系、教学体系、教材体系、管理体系要围绕这个目标来设计，教师要围绕这个目标来教，学生要围绕这个目标来学。凡是不利于实现这个目标的做法都要坚决改过来"。在这之前的青少年劳动教育，口号性的内容居多，实质上的内容偏少；宏观指导为主，微观实施欠缺，因此，急需一整套行之有效的教育培养体系与之相匹配。

一、我国青少年劳动教育政策的演变

中华人民共和国成立之后的青少年劳动教育，大体可以分为萌芽期、发展期、繁荣期三个阶段：从中华人民共和国成立到1977年高考制度恢复是劳动教育的萌芽期；从1978年改革开放到2012年党的十八大召开之前属于劳动教育的发展期；2012年党的十八大召开到现在是青少年劳动教育的繁荣阶段。

（一）青少年劳动教育的萌芽期（1949—1977年）

1949年4月发布的《中国人民政治协商会议共同纲领》中规定："提倡爱祖国、爱人民、爱劳动、爱科学、爱护公共财物为中华人民共和国全体国民的公德。""爱劳动"成为中华人民共和国劳动教育最早的核心目标。在1958年9月发布的《关于教育工作的指示》中，首次提出"党的教育方针，是教育为无产阶级政治服务，教育与生产劳动相结合"。随后，从20世纪50年代中后期到70年代末，在全国范围内掀起了一场轰轰烈烈的知识青年"上山下乡"运动，数以千万计的青少年响应国家号召，离开繁华的城市，到农村去接受贫下中农的劳动再教育，高考制度也因此而废止。

在这一时期，我国的劳动教育理念开始形成，初步确立了"教育与生产劳动相结合"的教育方针，提出了劳动教育的概念，基本上明确了"爱劳动"的劳动教育目标。但是，当时对劳动与劳动教育的关系并没有明确的认识，只是用劳动代替劳动教育甚至教育本身。直到1977年中国高考制度恢复之后，中国才迎来了尊重知识、尊重人才的春天，青少年的劳动教育也才走向新生。

（二）青少年劳动教育的发展期（1978—2012年）

此时期重新确立了教育与生产劳动相结合的教育方针，正式提出了劳动教育的概念，明确了从小学到大学各个阶段劳动教育的内容，将劳动教育列入教学计划，提出了一系列保障劳动教育实施的有效措施，并提出了研究生期间劳动教育的指导意见，青少年劳动教育驶入发展的快车道。在 1978 年 4 月的全国教育工作会议上，时任教育部部长的刘西尧重申了全面贯彻教育与生产劳动相结合的原则。1993 年颁布的《中国教育改革和发展纲要》则明确提出："各级各类学校都要把劳动教育列入教学计划，逐步做到制度化、系列化。社会各方面要积极为学校进行劳动教育提供场所和条件。" 2004 年的《关于进一步加强和改进大学生思想政治教育的意见》提出，要 "培养大学生的劳动观念和职业道德""积极组织大学生参加社会调查、生产劳动、志愿服务、公益活动、科技发明和勤工助学等社会实践活动"。

（三）青少年劳动教育的繁荣期（党的十八大以来）

党的十八大以来，习近平在多个场合多次强调劳动教育的重要性。在 2018 年的全国教育大会上，习近平创造性地提出 "要努力构建德智体美劳全面培养的教育体系"。五育并举教育体系的提出，是中华人民共和国成立以来教育史上的首次，对于高校劳动教育的发展具有划时代的历史意义。这一时期明确提出要构建包括劳动教育在内的德智体美劳 "五育并举" 的教育体系，提出要构建青少年劳动教育体系的全新目标，部分省市出台了相应的配套措施，劳动教育进入了繁荣发展的新时代。

进入新时代以后，国家、社会、学校、家庭各方面对高校劳动教育的认识水平和重视程度都明显提高，教育效果也有了显著的改善，但是存在的问题也不容小觑。就当前高校劳动教育的情况而言，存在的主要问题有教育理念急功近利，缺乏脚踏实地的务实性；培养目标含混不清，缺乏纲举目张的确定性；培养体系虚无缥缈，缺乏落地生根的可行性；教育方式枯燥单一，缺乏生动活泼的生活性等。

从社会层面来讲，"一夜暴富、不劳而获的思想有所蔓延，体力劳动和生产劳动被淡化"，轻视劳动、歧视劳动者的现象时有发生。从高等院校层面来讲，没有专门的任课教师、没有像样的场地、没有充足的经费保障，更没有像样的培养体系，大学生的劳动教育严重缺失，以社会实践、勤工俭学、免费劳动充当劳动教育的现象仍然普遍存在。从家庭层面来讲，"万般皆下品，唯有读书高" 的传统思想观念根深蒂固，"体力劳动和生产劳动在家庭教育中被忽视，家长往往只关心孩子的学业成绩，只要学习好，可以什么都不用做"。从青少年个人层面来讲，讲求攀比、好逸恶劳的思想依然存在，很多人不事稼穑、四体不勤、好高骛远、眼高手低，没有脚踏实地的务实境界，不愿通过诚实劳动、辛勤劳动获取自己的劳动果实。

长期以来，劳动教育都是作为德育的一部分来设定的。全社会对学生道德的培养教育十分重视，但是对于德育体系中模糊不清的劳动教育则缺少足够的关注，这也导致青少年的劳动教育长期以来没有一套统一的、富有针对性的培养体系，没有明确的教育目标，也没有具体的保障措施，更缺乏行之有效的评估评价体系与之相配套。这就导致高等院校的劳动教育工作虚有其表，无法真正落到实处。

一是教育主体单一，当前高校劳动教育的施教主体主要是高等院校，家庭教育、社会教育极度匮乏；二是教育路径单一，大多数高等院校对于劳动教育仍然停留在以义务劳动代替劳动教育的初始阶段，难以做到多种路径综合施教，即使有社会实践、志愿服务活动，也没有从劳动教育的角度去引导；三是教育过程单一，枯燥乏味，高等院校在开展劳动教育的过程中难以秉承以受教育者为中心的理念，忽略对于劳动情感、劳动态度、劳动价值的教育引导，不但不能促进大学生良好劳动习惯的养成，反而增加了大学生对于劳动的厌恶感。

教育效果评判可从两个层面来分析：一方面是对于教育者的评判，包括教学大纲是否完善、教育体系是否健全、教育路径是否多元、教育方式是否得到认同等方面；另一方面是对于受教育者的评价，主要是对大学生劳动态度是否端正、劳动情感是否积极向上、劳动价值是否具有人民性、是否具备必要的劳动技能等方面的评判。总体而言，目前我国对于这两个方面的教育效果的评价都没有一套完整的、行之有效的评价评估体系，也无法对其效果进行评估。

二、构建新时代高校劳动教育培养体系的路径

（一）确立四大核心价值目标

劳动是光荣的，劳动是美丽的，劳动也是辛苦的，需要埋头苦干、辛勤耕耘，更需要脚踏实地，诚实守信。劳动又是人类社会发展的源头活水，社会的一切进步都离不开劳动。习近平强调，要实现中华民族伟大复兴的奋斗目标，"归根到底要靠辛勤劳动、诚实劳动、科学劳动"，有鉴于此，"我们一定要在全社会大力弘扬劳模精神、劳动精神，引导广大人民群众树立辛勤劳动、诚实劳动、创造性劳动的理念，让劳动光荣、创造伟大成为铿锵的时代强音，让劳动最光荣、劳动最崇高、劳动最伟大、劳动最美丽蔚然成风"。具体而言，新时代的高校劳动教育应当以厚植崇高伟大的光荣劳动观、培养埋头苦干的辛勤劳动观、弘扬脚踏实地的诚实劳动观、塑造开拓创新的科学劳动观这四大核心价值为主要目标。

1. 厚植崇高伟大的光荣劳动观

2015 年 4 月，习近平在庆祝五一国际劳动节暨表彰全国劳动模范和先进工作者大会

上强调："我们的根扎在劳动人民之中。在我们社会主义国家，一切劳动，无论是体力劳动还是脑力劳动，都值得尊重和鼓励；一切创造，无论是个人创造还是集体创造，也都值得尊重和鼓励。"

孔子曾说，"吾少也贱，故多能鄙事"；孟子认为，"劳心者治人，劳力者治于人"。在中国传统的儒家知识分子心目中，劳动是低贱的，他们鄙视劳动者和劳动行业，把劳动者看作下等人。当前，在升学压力巨大的教育体制下，学校和家长多存在重分数、轻素质，重智力、轻体力的思想，学校用知识教育替代了劳动教育。而从高中校门迈入高校校门的大学生，也大多存在劳动能力低下、好逸恶劳的倾向。但是，我们必须明白"热爱劳动、参加劳动才能实现个人的健康成长，不愿劳动、不爱劳动则会阻碍个人的全面发展"，所以厚植劳动光荣伟大的观念刻不容缓。

2. 培养埋头苦干的辛勤劳动观

劳动很伟大，劳动也很辛苦，绝大多数劳动能坚持下来都需要内在精神和信念的支撑。习近平说："全社会都要以辛勤劳动为荣、以好逸恶劳为耻，任何时候任何人都不能看不起普通劳动者，都不能贪图不劳而获的生活。"因此，需要通过劳动教育来减少或者消除青少年不正当的或者低级的劳动观念，而增加正当的、高贵的、高雅的、高尚的劳动观念。当然，培养劳动光荣伟大的思想观念不能仅仅诉诸说教，还要从更深层次的精神层面激发青年大学生对劳动的兴趣。正如苏联教育家苏霍姆林斯基所说，"只有在孩子领悟自己的努力具有创造作用，领悟劳动具有重大的社会意义之后，才能培养他对劳动的真正热爱。没有这一觉悟因素而去强迫学生劳动，势必会遇到学生顶牛，越顶越牛"。美国教育家桑代克也提出，"假如我们能使教育方法和材料合乎他的欲望，那么我们将觉察到他的学习更生动、更活跃、更注意、更高兴。他的活动就会被启发得更好，被维持得更久。凡所谓价值、所谓利益、所谓优良者，直言之，即谓有满足人类需要之能力"。习近平指出："劳动模范和先进工作者、先进人物不仅自己要做好工作，而且要身体力行地向全社会传播劳动精神和劳动观念，让勤奋做事、勤勉为人、勤劳致富在全社会蔚然成风。"对于青少年的劳动教育，习近平更有针对性地提出，"要通过各种措施和方式，教育引导广大青少年牢固树立热爱劳动的思想，养成热爱劳动的习惯，为祖国培养一代又一代勤于劳动、善于劳动的高素质劳动者"。

3. 弘扬脚踏实地的诚实劳动观

诚实劳动不仅包含诚信劳动，更重要的是安于劳动，乐于劳动，凭着自己的良知，忠实完成自己的劳动工作，这就需要更高层次的精神世界和道德感的教育。"君子爱财，取之有道"，孔子曾经大力赞扬自己的弟子颜回说"贤哉，回也！一箪食，一瓢饮，在陋巷，人不堪其忧，回也不改其乐"。青少年劳动教育就应当像颜回那样，守得住清贫，耐得住寂寞，忍得住辛苦，一切都要通过自己的双手，辛勤劳动、合法手段来收获。然而，现实的情况是面对高额利润，有的人会铤而走险，走私贩毒，罔顾国法和道德；有的人会绞尽脑汁，逃税避税，钻法律的空子。习近平曾说："劳动是财富的源泉，也是幸福的源泉。人世间的美好梦想，只有通过诚实劳动才能实现；发展中的各种难题，只有通过诚实劳动才能破解；生命里的一切辉煌，只有通过诚实劳动才能铸就。"他衷心地劝导青年人，"要坚持艰苦奋斗，不贪图安逸，不惧怕困难，不怨天尤人，依靠勤劳和汗水开辟人生和事业前程"。我们应当把敬业诚信的社会主义核心价值观融入社会生活的各个角落，让诚信做人和诚信做事成为每个人的为人之道，让诚实劳动、合法劳动成为每个公民立身谋事的必由之路，这样才能对青少年的成人成才起到春风化雨的教化作用。

4. 塑造开拓创新的科学劳动观

习近平在多个场合谈到创新的巨大力量，他说，"创新是一个民族进步的灵魂，是一个国家兴旺发达的不竭动力，也是中华民族最深沉的民族禀赋。在激烈的国际竞争中，唯创新者进，唯创新者强，唯创新者胜"。所有的劳动都孕育着创新的元素，所有的创新都从劳动之中脱胎而来，离开劳动，所有的创新都是无根之木，无水之源；没有创新，所有的劳动就没有灵魂，没有前进的助推力。中国梦的实现离不开创新，人民生活水平的提高根源于创新，中国人自己掌握核心科技更是不能没有创新，而创新型人才的培养在大学阶段尤为重要。习近平说，"创新之道，唯在得人。得人之要，必广其途以储之"。因此，在大学生中塑造勇于创新的科学劳动观念便是当务之急。教育部部长陈宝生在2018年6月21日召开的新时代全国高等学校本科教育工作会议上指出，"这一阶段（指本科教育阶段）也是学生知识架构、基础能力的形成期，要教育引导学生夯实知识基础，了解学科前沿，接触社会实际，接受专业训练，练就独立工作能力，成为具有社会责任感、创新精神和实践能力的高素质专门人才，为学生成才立业奠定坚实基础"。

在当前背景下，培养创新劳动观念势在必行。时代呼唤创新，国家渴望创新，社会急缺创新型的人才，而创新型人才又必须通过青少年的创新劳动教育来实现，所以，在青少年中塑造和培养创新型劳动观既是新时代的选择，也是一流本科教育的应有之义。

（二）探索"四位一体"的实践育人路径

2018年，习近平在全国教育大会上，对培养什么人、怎样培养人、为谁培养人这一根本问题，提出了明确的工作要求，做出了战略部署，也为青少年的劳动教育体系建构指明了方向。以此为指引，我国当前应逐步构建以体验式、受雇式、参与式和生存式为维度的青少年劳动教育实践育人路径。

1.体验式劳动育人

劳动本身就是一个身心共同体验的过程，青少年在体验式劳动教育过程中，会产生和形成包括身体、情绪和情感等方面丰富的劳动体验。这些体验有的是积极的，比如兴奋、快乐、怜惜、敬佩、快乐和幸福；有的是消极的，比如麻木、疼痛、烦躁、痛苦、厌恶等。这些体验直接影响着青少年劳动价值观念的形成。体验式劳动教育从地域上可以分为课内课外、校内校外、国内国外的体验；从空间上可以分为生活现实体验和网络虚拟体验；按照参与主体不同，可以分为亲身体验和参观体验；根据内容不同可以划分为行业体验、文化体验、生态体验等。不管是何种方式的体验式劳动，都需要教育者通过一定的方式，对积极的体验加以及时的固化，对消极的体验进行合理的缓释，从而使青少年在劳动过程中逐步形成积极向上的劳动价值观念。相比传统的灌输说教式的教育方式，体验式劳动教育有其天然的优势，可以让青少年在形式多样、变化万千的体验劳动中逐步养成正确的世界观、人生观、价值观，成为国家的栋梁之材。

2.受雇式劳动育人

2008年，美国开展的"本科教育中有效的学习评估"研究发现，教育者和雇主一致认为，批判性思维、书面沟通和读写能力是学生获得学习成果的关键，它们对学生在工作场所和生活中取得成功至关重要。

在大多数雇主所认可的雇员的能力中，最主要的是不同环境中的问题解决能力，除此之外还有口头沟通和团队合作能力。而这些能力的锻炼，单纯靠课堂的德智体美教育是根本不可能完成的，必须到实践中去学习。而在校青少年的主要活动是课堂学习，不可能经常性地到工作单位去实习，这就要求教育者在平时的劳动教育过程中按照雇主所期待的雇员所需要具备的能力要求进行适当的教育培训，使之在走出校门时就能够符合雇主的期待。

国内的研究结果同美国雇主的要求不谋而合。根据麦克斯研究院的调查，大多数大学毕业生认为协作解决问题能力、压力承受能力、环境适应能力、责任感在职业素养的培养中有着举足轻重的地位。由此可以看出，根据雇主的能力要求开展适当的劳动教育，从而提升青少年的受雇技能和就业能力，对青少年将来的就业大有裨益。

3.参与式劳动育人

参与式劳动源于管理学上的参与式管理，其精髓是"赋予部属决策参与权，并让部属在自己的职责上拥有较多的选择权和较大控制参与式管理，而不是采用监督命令的控制方式"。这种管理模式使下属以一个主人翁的身份参与到公司的运行和管理中，能够最大限度地调动各方面的工作积极性、主动性和创造性。在青少年的劳动教育中引入参与式理念，能让学生产生一种"天下兴亡，匹夫有责"的意识，实现受教育者从旁观者到参与者、从见证者到亲历者、从被动接受到主动作为的转化，让学生像关心自己一样关心学校的发展、关心社会的进步、关心国家的振兴。教育者可根据青少年的个性特点，在信任和鼓励的基础上，给予学生更多的劳动自主权。参与到管理服务中的大学生，"在受到尊重、信任和比较自主的环境中，他们对于感兴趣的和与自己有关的事情，往往乐意倾注更多的时间和精力，能够潜心学习，深入研究"，他们的劳动价值观和对待劳动、对待劳动者的情感认同也会在潜移默化中进一步加深。

4. 生存式劳动育人

所谓生存式劳动教育指的是以培养青少年敬畏生命、顽强生存和幸福生活为终极目标，以内化生存知识、装备生存技能、适应生存环境为教育手段，锤炼青少年的意志品质、陶冶道德情操、锻造社会适应能力，培养知情意行健康和谐全面发展的人的劳动教育。劳动教育的初级阶段是教育青少年掌握生存知识，装备生存技能。在这一阶段所表现出来的综合生存能力，是人作为一个生命体生存繁衍的首要条件，也是教育工作存在的前提。"人类经历坎坷、辛勤劳动的潜在的、最为朴素的动因，那就是为了人类能够世代繁衍生息下去，而且是更好地共同生活在这个地球上，生存成为人类永恒的目标"。锤炼意志品质、陶冶道德情操、锻造社会适应能力是生存式劳动教育的中级阶段。青少年如果想要在不同的自然环境下顽强地生存下来，不仅需要强健的体魄，更需要强大的意志力、敏锐的观察力和高尚的道德感作支撑，而这些能力的获得，课堂的知识教化只是一个方面，更重要的是在生存式的劳动实践中获取。培养青少年敬畏生命、顽强生存和追求幸福生活，做中国特色社会主义的合格建设者和可靠接班人则是生存式劳动教育的终极目标。正如习近平所说，"我们的教育必须把培养社会主义建设者和接班人作为根本任务，培养一代又一代拥护中国共产党领导和我国社会主义制度、立志为中国特色社会主义奋斗终生的有用人才。这是教育工作的根本任务，也是教育现代化的方向目标"。

体验式、受雇式、参与式与生存式劳动教育形成一个有机的整体，它们相互作用、相互影响、相互制约、相互促进，其中雇主式劳动教育是导向，生存式劳动教育是基础，体验式和雇主式劳动教育是现实路径。缺少任何一个环节，都无法实现劳动教育实践育人的功能，只有四个维度同时作用、同时影响，才能真正达到劳动教育实践育人的目的。

（三）实现"三全劳动育人"的工作机制

2017 年 2 月，中共中央、国务院印发的《关于加强和改进新形势下高校思想政治工作的意见》提出了全员、全过程、全方位育人的理念。对于高校劳动教育而言，所谓全员包括高校全体教职员工，其中既有高校思政干部队伍，也有专任教师、教学辅助人员、行政管理人员、后勤服务人员以及物业勤杂人员，也包括各级政府高等教育行政管理机构人员，还包括大学生的家庭成员。全过程，是指将劳动育人贯穿高等院校教书育人、管理育人、服务育人的全过程，融入课堂教学、课外活动、宿舍生活、志愿服务、社会实践等环节，渗透到家庭教育的微小细节之中。全方位，是指校内与校外、课内与课外、国内与国外、线上与线下多个维度融入劳动教育，形成全领域、全时空、全维度的劳动育人机制。

1. 恪尽职守，全员劳动育人成合力

要实现全员劳动育人，教育系统必须以劳动育人的目标为共同的价值追求，在此基础上划定各自的责任清单，并且根据清单要求各司其职、各尽所能，又协同配合、万剑归宗，最终形成劳动育人的合力。"实现全员育人是要强化高校全体教职工的育人意识，彰显高校每项工作、每个领域的育人功能。为此就需要建立共享价值和责任清单。"这里的共同价值追求，就是以崇高伟大的光荣劳动观、埋头苦干的辛勤劳动观、脚踏实地的诚实劳动观和开拓创新的科学劳动观为核心的劳动教育价值目标体系。而责任清单则是根据劳动育人的目标要求，针对不同的岗位特点、工作性质和服务对象，设置针对性强、体现不同年级、不同专业特点的劳动育人责任清单。

2. 丝丝入扣，全过程劳动育人见真章

全过程劳动育人的难点和重点在于每一个育人环节的有效衔接，包括教与学的衔接、理论与实践的衔接，教育、管理、服务的衔接，参与和体验的衔接，社会需求与培养计划的衔接，还包括与德智体美教育的有机衔接等多个方面。要实现各个环节的完美契合，首先要有完善的制度设计作为保障。要在广泛调研的基础上，充分听取学校、家庭、社会和青年大学生的建议和心声，制定符合高校劳动教育现状的制度，从制度上规定每一个环节的具体要求和应当达到的效果，用制度评价每一环节的完成程度。其次要与时俱进，随着时间与政策的变化随时调整顶层制度设计，坚持与时俱进，充分做到"世异则事异，事异则备变"。最后，在制度的设计和执行上，充分尊重人的作用，坚持用对的人做对的事。

3. 优势互补，全方位劳动育人显成效。

全方位劳动育人涉及的领域非常广阔，而且每一个领域都有其自身优势，也不可避免地存在固有的缺陷：课堂教学理论性有余而实践性不强，课外活动易于操作而较难掌控；家庭教育可塑性强而难以有效推广，学校教育可以批量培养却又难以兼顾个性发展；国外优秀的教育方法可以借鉴但又涉及如何与中国实际相结合，网络劳动育人易操作、好掌控但又缺乏面对面、心与心的交流互通。因此，要真正实现全方位劳动育人，每一个领域都要以劳动育人共同价值追求为初心，充分发挥各领域的优势与特长，在资源、人才、制度、评估等方面实现互融互通，优势互补，逐步形成全领域、全时空、全维度的劳动育人机制。

综上所述，新时代高校劳动教育培养体系的构建需要重树四大核心价值目标，探索体验式、参与式、受雇式和生存式四位一体的实践育人路径，最终实现"三全劳动育人"的工作机制。

第四节　高校劳动教育实践课程

热爱劳动是中华民族几千年的传统美德，劳动教育是党的教育方针和国民教育体系的重要内容，是全面育人的重要途径。本节着重从教育管理机构、实践课程大纲、课程实施、评价制度等方面探讨了建构普通高校劳动教育实践课程体系的基本内容，并提出从学校主导、经费投入、实践场所、队伍建设等方面为课程体系提供保障支撑。

一、正确认识新时代开展高校劳动教育课的重要价值

20 世纪 50 年代，根据毛泽东同志的讲话精神，我国把"教育与生产劳动相结合"写进了党的教育方针，并纳入国家宪法之中，把热爱劳动定为"五爱"国民公德之一，把学生参加生产劳动作为一项主课。然而，在 20 世纪 80 年代以后，劳动教育在高考指挥棒逼迫的形势下逐步开始淡化、弱化，劳动的独特育人价值在一定程度上被忽视。这使一些青少年出现了不珍惜劳动成果、不想劳动、不会劳动的现象，使得教育逐步偏离了育人的本质。

劳动教育是国民教育体系的重要内容，是学生成长的必要途径。它具有树德、增智、强体、育美的综合育人价值，"以劳树德、以劳增智、以劳强体、以劳育美、以劳创新"的育人效果，能产生"以劳促全"的社会效果。学校实施劳动教育的重点，是要让学生在文化知识学习的同时，有目的、有计划地组织学生参加日常生活劳动、生产劳动和服务性劳动，让学生在动手实践、出力流汗中，提高团结协作的道德素养，增强创新创业的智力水平、锻炼健康的体魄，体验劳动之美的心灵感受，从而培养学生正确的劳动价值观和良好的劳动品质。

中共中央、国务院于 2020 年 3 月 20 日发布的《关于全面加强新时代大中小学劳动

教育的意见》（以下简称《意见》）指出，普通高等学校要明确劳动教育主要依托课程，其中本科阶段不少于 32 学时。除劳动教育必修课程外，其他课程结合学科、专业特点，有机融入劳动教育内容。大中小学每学年设立劳动周，可在学年内或寒暑假自主安排，以集体劳动为主。高等学校也可安排劳动月，集中落实各学年劳动周要求。根据以上要求，普通高校的劳动教育课程分为理论课程（32 学时）和实践课程（劳动周或劳动月），理论课程可以根据专业特点明确依托课程，或开设"劳动科学概论"，主要任务是解决为什么劳动和劳动什么的认知问题；实践课程要解决的是该怎样劳动的技术问题。这是实现学生从会劳动到懂劳动，最终爱劳动的过程。由于大学生具有比中小学生更多的对于劳动的理性认识，对劳动的目的、价值与自己的创新创业就业黏合度比较高，因此，教师在对大学生进行劳动教育时重点应该放在劳动实践课程的设计上。为避免流于形式和考核的随意性，学校设计和建构一套兼顾科学性与实效性的劳动实践课程显得尤为重要。

二、建构科学、有效的高校劳动教育实践课程体系

普通高校劳动教育实践课程主要解决的是社会劳动、增强劳动技能的问题。过去，普通高校学生的专业实习，为了节省教育经费或出于安全等其他因素考虑，采取的是分散的个体实习。这样，学校教师虽然省时、省心，但是，学生往往并没有到实习单位参与实际实习，而是宅在家里虚度光阴，实习结束时编造一个专业实习报告，通过关系随便找个单位盖个公章就算交差了。因此，笔者认为，劳动教育实践课程绝不应该流于形式，学校应当制定一套完善的、有效的实践课程体系，让这套体系成为学生劳动实施、考核、评估的重要依据。

第一，高校必须建构起系统、完整的劳动教育管理机构。由这个机构承担起领导、实施、考核、监督、评估、提供劳动教育工具、落实劳动教育基地、明确劳动教育内容等一系列任务。我们可以这样考虑，学校在一级层面上，由教务处设立劳动教育科，负责制订高校劳动教育的理论学习和实践课程计划，并招录和管理劳动教育课程教师；在二级层面上，由院系办公室负责落实劳动教育的具体实施，并由各院系专业指导教师和辅导员配合进行。这样的安排既有利于降低运行成本，又有利于劳动教育师资在全校进行优化配置。

第二，相关部门可以制定科学且具有操作可行性的劳动教育实践课程大纲，让大纲成为开展劳动实践教育的重要依据。《意见》要求，"大中小学每学年设立劳动周，可在学年内或寒暑假自主安排，以集体劳动为主。高等学校也可安排劳动月，集中落实各学年劳动周要求。"由此，在劳动教育实践课程的形式安排上，学校要尽量以"集体劳动"

为主。这样既可以有效监督和考核大学生的劳动态度、劳动纪律、劳动效果，又可以培养大学生的集体荣誉感和归属感。实践教育课程的时间安排，必须保证学生每学年一周或者四学年一个月的集中劳动。在内容上，可以将劳动分为四种，即日常生活劳动（主要是做好寝室和个人卫生）、校园公共劳动（主要是校园公共区域卫生、绿化、食堂帮厨等）、校外公益劳动（主要是进行校外社区、公共区域劳动）和专业实习劳动（结合专业实习见习）。学生的日常生活劳动和校园公共劳动要常态化。学校可根据劳动时间和劳动效果折算劳动实践课程学时，对于校外公益劳动和专业劳动，在教师的指导下，有计划、分步骤地安排，并折算相应课时。

第三，劳动教育课程的实施。学校可以根据需要编写劳动实践指导手册，明确教学目标、活动设计、工具使用、考核评价、安全保护等劳动教育要求。《意见》要求，高等学校要注重围绕创新创业，结合学科和专业积极开展实习实训、专业服务、社会实践、勤工助学等，重视新知识、新技术、新工艺、新方法的应用，创造性地解决实际问题，使学生增强诚实劳动意识，积累职业经验，提升就业创业能力，树立正确择业观，具有到艰苦地区和行业工作的奋斗精神，懂得空谈误国、实干兴邦的深刻道理；注重培育公共服务意识，使学生具有面对重大疫情、灾害等危机主动作为的奉献精神。

第四，健全劳动素养评价制度。《意见》指出，将劳动素养纳入学生综合素质评价体系，制定评价标准，建立激励机制，组织开展劳动技能和劳动成果展示、劳动竞赛等活动，全面客观记录课内外劳动过程和结果，加强实际劳动技能和价值体认情况的考核；建立公示、审核制度，确保记录真实可靠；把劳动素养评价结果作为衡量学生全面发展情况的重要内容，作为评优评先的重要参考和毕业依据，作为高一级学校录取的重要参考或依据。劳动素养是对大学生劳动态度、劳动纪律、劳动能力、劳动效果的综合反映和评价。比如寝室卫生的检查和评价，是大学生个人卫生和宿舍生态的综合反映。它反映了大学生的生活态度和审美追求，"一屋不扫何以扫天下"。

三、全面落实普通高校学生劳动教育实践课程的基本保障

完善的劳动教育实践课程体系离不开基本保障的支撑，关系到劳动教育实践的效果。

第一，学校要在劳动教育中发挥主导作用。根据《意见》要求，学校要切实承担劳动教育的主体责任，明确实施机构和人员，开齐开足劳动教育课程，不得挤占、挪用劳动实践时间；明确学校劳动教育要求，让学生掌握必要的劳动技能；根据学生身体发育情况，科学设计课内外劳动项目，采取灵活多样的形式，激发学生劳动的内在需求和动力。高等院校要组织学生走向社会、以校外劳动锻炼为主，增强大学生劳动最辛苦、劳

动最光荣的使命感和崇高感。

第二，健全经费投入机制。根据《意见》要求，各地区要统筹中央补助资金和自有财力，多种形式筹措资金，加快建设校内劳动教育场所和校外劳动教育实践基地，加强学校劳动教育设施标准化建设，建立学校劳动教育器材、耗材补充机制。学校可按照规定统筹安排公用经费等资金开展劳动教育；可采取政府购买服务方式，吸引社会力量提供劳动教育服务。

第三，多渠道拓展实践场所。《意见》提出，各地区要大力拓展实践场所，满足各级各类学校多样化劳动实践需求。农村地区可安排相应土地、山林、草场等作为学农实践基地；城镇地区可确认一批企事业单位和社会机构，作为学生参加生产劳动、服务性劳动的实践场所。高等院校要建立相对稳定的实习和劳动实践基地，充分发挥自身的专业优势和服务社会。比如学校可以在农村利用"四荒"（荒山、荒坡、荒滩、荒沟）基地进行水土治理、农作物栽培和绿化工作；在城市联系企业、养老院、社区、公园等基地，让学生开展专业实习或绿化卫生等工作。

第四，多举措加强人才队伍建设。根据《意见》要求，学校要采取多种措施，建立专职、兼职相结合的劳动教育师资队伍。高等院校要加强劳动教育师资培养，有条件的师范院校开设劳动教育相关专业，设立劳模工作室、技能大师工作室、荣誉教师岗位等，聘请相关行业专业人士担任劳动实践指导教师。学校要把劳动教育纳入教师培训内容，开展全员培训，强化每位教师的劳动意识、劳动观念，提升实施劳动教育的自觉性，对承担劳动教育课程的教师进行专项培训，提高劳动教育的专业化水平。当下，鉴于普通高校劳动教育师资欠缺的情况，学校可以考虑临时聘请部分职业技术学院技师、农业院校的农艺师和园艺师、农村种田能手、企业工匠等充实高校劳动实践课程师资力量。这种方式，一是可以指导大学生的劳动技能；二是可以着力培养一支劳动教育专业师资队伍。

总之，新时代对高校大学生开展劳动教育恰逢其时。我们应及时加强宣传和引导，引导大学生树立正确的劳动观念，支持和配合学校开展劳动教育。学校要加强劳动教育科学研究，宣传和推广劳动教育典型经验，大力宣传不畏艰难、百折不挠、敢于担当的劳动者的高尚品格；大力宣传辛勤劳动、诚实劳动、创造性劳动的典型人物和事迹；弘扬劳动光荣、创造伟大的主旋律，旗帜鲜明地反对一切不劳而获、贪图享乐、崇尚暴富的错误观念，营造全社会关心和支持劳动教育的良好氛围。

第五节　高校劳动教育的育人价值

劳动教育是大学生成长教育过程中不可或缺的部分，对促进学生全面发展、发掘新教育模式、推动社会进步都具有重要意义。新时代大学生是国家发展和民族复兴的生力军，是建设创新型国家的主动力，明确高校劳动教育的价值取向，把握高校劳动教育的内在特征，找准高校劳动教育的育人导向，是实现创造性劳动、加快建设创新型国家、实现人才强国的重要保证。面对新时代、新形势、新情况，高校应当明确劳动教育目标是培养懂劳动、想劳动、爱劳动、会劳动的新时代大学生。

党的十八大以来，习近平总书记对劳动和劳动教育做出的一系列重要论述，明确了劳动教育的内涵，突出了劳动教育的重点，强调了劳动教育的价值。近日，中共中央、国务院发布的《关于全面加强新时代大中小学劳动教育的意见》（以下简称《意见》），为新时代劳动教育布局谋篇，指明新时代高校劳动教育的出发点和落脚点。新时代的大学生是国家发展和民族复兴的生力军，是建设创新型国家的主动力，因此，必须强化其对劳动本身的认识，锻造过硬的劳动技能。在新时代，明确高校劳动教育的价值取向，把握高校劳动教育的内在特征，找准高校劳动教育的育人导向，是实现创造性劳动、加快建设创新型国家、实现人才强国的重要保证。

一、新时代高校劳动教育的价值取向

劳动教育是指通过培养学生的劳动价值观、劳动精神、劳动态度，提升学生劳动素养，帮助学生明确劳动的目的、劳动的意义以及劳动的价值，以促进学生形成良好的劳动习惯等为目的的教育活动。《意见》结合时代需求，为新时代高校劳动教育做出顶层设计，明确新时代高校劳动教育的主要使命是引导大学生牢固树立"四个最"（劳动最光荣、劳动最崇高、劳动最伟大、劳动最美丽）的劳动价值观，建立个人劳动价值认知体系；重要任务是强化大学生劳动价值认同，培养劳动自立意识、诚实劳动意识和公共服务意识；现实目标是提升劳动知识水平、夯实劳动基础，从而为大学生的个人全面发展做出积极引导，为培养创新型人才打下坚实基础。

（一）主要任务：牢固树立"四个最"的劳动价值观

思想是行动的先导，是行动的依靠，没有正确的思想就难以有正确的方向；认识是前行的动力，是前行的导向，没有正确的认识就难以继续前行。解决好方向和动力问题的根本就在于解决好思想和认识问题。大学生劳动价值观的形成是基于对于劳动本身的理解和认知，引导大学生理解并认同"四个最"的劳动价值观、培养大学生"四个最"的劳动价值观是劳动教育的重中之重。早在 2013 年，习近平总书记就明确提出"四个最"的劳动价值观念，并在多个场合强调要在学生中弘扬"四个最"的劳动价值观，让"四个最"的劳动价值观在全社会蔚然成风。少年兴则国兴，少年强则国强。大学生处于价值观塑造的关键期，在这一时期，认知体系的搭建和价值观的塑造不仅关乎大学生的未来，而且事关国家兴衰和社会发展，树立正确的价值观是大学生实现个人发展的重要基础。

劳动是人的本质活动，劳动最光荣展现了人类的智慧，诠释了人类的文明与进步。一切劳动都值得尊重，所有劳动者都值得鼓励，无论是体力劳动还是脑力劳动，无论是简单劳动还是复杂劳动，都值得大学生以之为荣。劳动最崇高，社会生活的本质是实践，没有劳动，社会就会失去生机和活力、失去创新和发展机遇，崇尚劳动是大学生劳动价值观的应有之义。劳动最伟大，伟大出自平凡，英雄出自人民。在中华民族伟大复兴的征程中，需有一大批勤劳勇敢、平凡而伟大的大学生为之奋斗。劳动最美丽，空谈误国，实干兴邦。唯有劳动才能创造幸福生活，唯有劳动才能实现梦想，唯有劳动才能创造未来。要深刻理解劳动创造人的道理，大学生就必须建立正确的劳动价值认知体系和劳动价值观。

（二）重要任务：强化大学生的劳动价值认同，增强劳动意识

人民创造历史，劳动开创未来，劳动的价值与地位在任何时代都是毋庸置疑的。近年来一些大学生出现了轻视劳动价值、不愿劳动、不会劳动等现象，错误地认为"劳心者治人，劳力者治于人"，蔑视体力劳动者的劳动成果，忽视"一切劳动都值得被尊重"的事实，归根结底是部分大学生缺乏正确有效的教育引导，对劳动及劳动的价值缺乏系统性的认知。劳动作为大自然赐予人类的"生命活动"，蕴含着丰富的育人价值。劳动实践不仅可以锻炼大学生的毅力、耐力、自信心，而且可以增强大学生的团队意识、合作意识、大局意识，强健体魄、强化劳动意识。劳动实践的过程实际上就是大学生体验劳动价值的过程，大学生正值劳动价值体系搭建的重要时期，强化大学生劳动价值认同，懂得没有劳动就没有未来的道理，是劳动教育必不可少的环节。此外，增强大学生的劳动意识也是新时代高校劳动教育的重要任务之一。

《意见》指出，学生要有劳动自立意识、诚实劳动意识和公共服务意识。劳动意识作为一种活动反映，指的是劳动主体通过改变劳动对象使社会和自身的需求得以满足，其中包含了劳动主体的价值选择和价值判断，其本质是一种价值意识。大学生劳动意识的强弱，直接影响着其价值判断和价值选择，因此，增强大学生的劳动意识是新时代高校劳动教育的必要之举。自强先自立，培养大学生有担当、服务自我的劳动自立意识是增强劳动意识的基础。培养大学生的诚实劳动意识是增强劳动意识的重点，生命里的辉煌只能由诚实劳动铸就，"两个一百年"奋斗目标归根结底也要靠诚实劳动、辛勤劳动、创造性劳动实现。培养大学生的公共服务意识是增强劳动意识的最终目标，让大学生在面对突如其来的灾害和疫情等危机时能做出正确的价值判断和价值选择，尽己所能，有奉献、有作为。

（三）现实目标：提升大学生的劳动知识水平，夯实劳动基础

千秋基业，人才为本。劳动教育作为树德、增智、健体、育美德的社会活动，内在目的是培养品格健全、身心全面发展的人，外在目的是培养能服务自我、服务他人、服务社会的人。劳动教育的内在生命力在劳动中体现为劳动者向往的自由与发展，劳动绝不仅是谋生的手段，而是能促进人自由全面发展的活动。党的十八大以来，习近平总书记在多个场合多次提到人才与国家发展之间的关系，明确指出我国比历史上任何时期都更加渴求人才，强调人才是国家的核心竞争力。党的十九大把加快建设创新型国家作为新时代国家发展战略，提出"人才强国"战略，将培养人才摆在了重要位置，提升大学生的劳动知识水平不仅是建设创新型国家的必然要求，也是实现大学生自由全面发展的重要环节。

提升大学生的劳动知识水平归根结底就是要提高大学生的科学知识水平和学术视野，要成就中华民族的宏图伟业，就必须拥有知识水平过硬、创新能力十足的新时代大学生。在劳动教育的过程中，一方面要改进劳动教育方式，遵循大学生成长成才的教育规律，强化实践教育，争取让大学生在实践的过程中开阔新视野、增添新体验、迸发新想法、创造新事物；另一方面，培养术业有专攻的大学生是建设创新型国家的重要基础，在具备开阔的学术视野和足够的科学知识水平的基础上，大学生应当在特定领域增加专业知识储备和技能，拥有基础的创造能力和潜在的创新能力，夯实劳动基础，提升劳动技能，成为有想法、敢实践、有本领的新时代大学生。

二、新时代高校劳动教育的内在特征

劳动教育是大学生成长教育过程中不可或缺的部分，对促进学生全面发展、发掘新教育模式、推动社会进步具有重要意义。《意见》结合时代需求，从大学生的生活实际出发，坚持问题导向，突出价值引领，从学生生活实际出发，准确分析和把握高校劳动教育的重点和难点，积极探索具有中国特色的劳动教育模式，力求创新劳动教育体制机制，注重理论与实践相结合，主张"知行合一"，做到了"因事而化、因时而进、因势而新"，体现了新时代高校劳动教育的创新性、时代性、实践性等内在特征。在新的时代背景下，社会的劳动形态发生了深刻变化，劳动教育呈现出新的特点，准确把握新时代高校劳动教育的内在特征，有利于提高劳动教育的实效。

（一）实践性：因事而化，增强劳动教育的现实性

实践是人类分析内部世界和把握外部世界的总线索，也是劳动教育的基本逻辑和最终归宿，实践是新时代高校劳动教育的基本特征。新时代高校劳动教育的本质是在劳动中树德育人，通过劳动教育提升大学生的劳动素养和实践能力，培养大学生树立正确的劳动价值观，赋予劳动教育内在的生命力，为培养有本领的时代新人打下坚实基础。

《意见》明确指出，劳动教育必须遵循教育规律，以体力劳动为主，强化实践体验，实现知行合一，提升育人实效。因事而化，是指将目标融入具体事物或具体实践，凭借相应的事情、事务使人或者事的性质或者形态发生改变。新时代高校劳动教育的"因事而化"是指将劳动教育的育人目标融入具体实践中，针对特定的教育对象实施教学活动，使教育对象的思想和行为发生符合社会需要的改变。以事为据实施教育活动，必须强调"事"的目的性。只有"事"与劳动教育目标相关联，才能发挥"事"本身的作用。新时代高校劳动教育的总体目标是让大学生具备满足生存发展的基本劳动能力，形成良好的劳动习惯，让大学生从劳动教育的"事"中增强诚实劳动意识，在亲历劳动过程中培养科学精神，提高劳动创造能力。

（二）时代性：因时而进，紧跟时代步伐

时代变化推动理论创新，高校劳动教育的重点、难点、特点紧随时代的变化而变化，时代性是新时代高校劳动教育的首要特征。《意见》结合新时代教育的实际情况，全面构建体现时代特征的高校劳动教育体系，蕴含着深厚的时代价值，其时代性体现在三方面。

第一，新时代大学生所处的时代是崭新的时代，他们所处的时代是充满人生机遇和施展个人才华的重要时期，他们是社会力量中最具有生机和活力的。当前，劳动教育的重点是在系统学习科学文化知识以外的时间，组织学生参加日常生活劳动、社会生产劳动以及社会服务性劳动，养成学生良好的劳动品质。

第二，满足时代需求。随着社会主义经济建设的发展以及各族人民生活水平的提高，高校劳动教育的难点日渐突出，在大学生群体中出现不懂劳动、不想劳动、不会劳动的现象，究其根本是个别学生劳动意识薄弱、劳动能力不足、劳动水平低下。针对这一教育难点，通过有目的、有计划地组织学生参加劳动实践，扭转大学生对劳动的错误看法，以培养能满足新时代发展需求的大学生。

第三，突出时代特色。《意见》将"劳育"纳入培养人才的全过程，通过劳动教育培养创新型、知识型、复合型人才，突出新时代以创新求发展、以劳动求进步、以创新求引领的时代特色。

（三）创新性：因势而新，体现新立场、新内容、新功能

新时代高校劳动教育之"新"体现在新立场、新内容、新功能三个方面，创新性是新时代高校劳动教育的重要特征。首先，新时代高校劳动教育的立场新。立场是人们思考问题和处理问题时所处的地位和所持有的态度，立场的变化在很大程度上会影响人们对同一事物的判断。党的十九大报告指出，中国特色社会主义进入新时代，以创新劳动为核心的劳动形态对于社会的发展和进步意义重大，基于这一新立场，劳动教育所处的地位亦有明显变化。其次，新时代高校劳动教育的内容新。党和国家高度重视劳动与教育的关系，在中华人民共和国成立初期，为满足生产需要，劳动教育的重点内容是让教育与生产劳动相结合。但是随着新时代的发展与社会主义建设的新要求，劳动教育的内容必然紧跟时代步伐，适应时代发展所需，教育重点已转向改善大学生的劳动精神面貌、明确大学生的劳动价值取向、提升大学生的劳动技能水平。最后，新时代高校劳动教育的新功能。新时代高校劳动教育的内在功能体现为以劳树德、以劳育人、以劳增"值"，劳动之于大学生而言，是实现自我价值和获得幸福感、价值感、存在感的根本途径。新时代高校劳动教育的外在功能体现在创新劳动教育体制机制，积极探索具有本国特色的劳动教育模式，创新性发挥劳动育人的独特价值。

三、新时代高校劳动教育的育人导向

劳动是培养身心健康、发展全面的大学生的最佳途径。改革开放40多年来，高速发展的经济为国民带来了充裕的物质财富，智能化信息时代为大学生的生活提供了极大的便利，但这一切也潜移默化地改变着部分大学生的劳动意识和劳动观念，给劳动教育带来了新的挑战。面对新时代、新形势、新情况，高校应当明确新时代高校劳动教育的育人导向是培养懂劳动、想劳动、爱劳动、会劳动的大学生，让他们具备担当民族复兴大任的能力、有建设国家和民族未来的实力、有为国家不懈奋斗的耐力。

（一）思想劳动：落实劳动教育课程安排，涵养大学生劳动自信

勤奋成就梦想，劳动铸就自信。中华民族自古以来就是善于劳动、勤于劳动的民族，历代中华儿女通过辛勤劳动拥有了今日的成就，通过劳动创造了民族辉煌，这与他们自身的劳动自信、劳动态度和劳动品质有着紧密联系。态度是个体对特定对象所持有的稳定的心理倾向。劳动态度是指大学生对劳动所持有的心理倾向，拥有良好的劳动态度是

激发大学生劳动需求的内在动力。劳动的过程是学生不断增强主体意识的过程，也是培养主体态度的过程。在实践中，高校要不断鼓励学生用新角度思考问题，用新方法分析问题，用新技能解决问题，并在此过程中持续培养学生坚定的劳动自信、"想劳动"的积极态度和勤奋担当的劳动品质。

新时代大学生肩负着祖国的现在和未来。涵养大学生的劳动自信，帮助大学生理解劳动的本质、劳动的作用、劳动的价值，理解劳动观的核心内涵和价值意蕴是劳动教育的意义所在。劳动教育是一门科学，讲劳动必须先懂劳动。劳动教育并不是单纯让学生进行体力劳动或是社会生产活动，而是在教育中有劳动，在劳动中有教育。高校应加强劳动教育师资培养，提高教师劳动教育的专业化水平，按学生比例配备专任教师，积极落实推进劳动教育目标。学校承担着劳动教育的主体责任，开足开齐劳动教育课程，打造生动化、多样性的劳动教育课程是形成针对性劳动教育课程体系的前提。

（二）爱劳动：弘扬新时代劳动精神，注重劳动实践教育

作为劳动的精神产物，新时代劳动精神蕴含着丰富的价值内涵，在理论方面继承和发展了劳动价值观，在实践方面诠释了社会主义核心价值观，在内容方面传承了中华民族传统的优秀劳动观念。离开劳动，不可能有真正的教育，培养大学生的劳动精神是实现大学生全面发展的基础。培养大学生的劳动精神，首先，要加强宣传引导，推广先进典型。充分利用宣传栏以及张贴海报等形式宣传推广先进事迹，重点挖掘抗疫救灾中涌现的典型人物及先进事迹，弘扬劳动最伟大的主旋律，使大学生的劳动观念在日常学习中受到感染和影响。其次，要通过评争优等方式增加大学生的劳动激情，例如通过评选劳动模范宿舍、劳动模范班级、劳动模范个人等方式认可大学生的劳动成果及劳动成绩，让其了解在劳动过程中创造的自我价值和社会价值，让大学生树立劳动最光荣的观念。

劳动精神是在劳动实践中培养出来的，落实劳动教育实践周也是培养大学生劳动精神的重要环节。例如组织大学生到当地的敬老院、福利院等机构做志愿者；到乡村支教；开展"美丽校园"活动，分区域并适当安排学生进行打扫清洁，维护校园整洁。由外向内推动学生积极参加社会实践活动，使大学生自觉树立劳动意识。

（三）会劳动：掌握扎实的劳动知识基础，练就过硬的劳动技能

《意见》在劳动教育的新要求中以"注重教育实效，实现知行合一"为落脚点，明确了新时代高校劳动教育的现实目标是培养"会劳动"的大学生。首先，大学生必须掌握广泛的新知识。学校要培养学生的全球化理念、命运共同体思维、互联网思维，适应科技发展和产业变革，开设人工智能与数字化数据处理等课程，拓宽学生的知识面，提升大学生获取知识、辨别知识的能力，培养知识面广、专业强、技术精的知识型、技术

型复合型人才。其次，增强大学生创新创造的劳动意识。创新创造是引领发展的第一动力，高校应该通过劳动实践激发学生的创新思维，引导大学生结合实践思考问题，直面问题与挑战，要学会在劳动、交流、思考中锻炼创新思维，涵养创新意识，运用新知识、新方法、新技术解决问题。再次，学校要根据各二级学院的特点举办劳动技能大赛，如教师技能大赛、英语口语大赛、物理实验竞赛等，把学生从学习客体变为学习主体，在各类竞赛中累积经验、提升能力、开阔眼界。最后，有条件的高校可以开设劳模工作室，聘请有知识、有经验、有实力的专业人士指导学生实践。发展校企合作，充分运用已有资源，大力拓展教育教学实践场所，逐步配齐实训基地，为学生提供可信、可靠、安全的实践平台，结合学科和专业开展实习实训，满足学生多样化的劳动实践需求，为大学生练就过硬本领打好基础。

第四章　高校劳动教育的主要内容

第一节　生活劳动与高校劳动教育

陶行知指出："有生命的东西，在一个环境里生生不已的就是生活。"显然，就人而言，生活就是衣食住行的集合，故谈起生活就离不开劳动，就劳动是人类创造物质或精神财富的活动。如今，许多大学生受到家长的过度呵护，几乎很少参与家务劳动。本节从生活劳动的概念、分类以及大学生应树立正确的生活劳动观念、提升生活劳动素质等方面提出了劳动教育中生活劳动的实践对策。

一、生活劳动概述

生活劳动是指可以直接满足生活需求的劳动，生活劳动是在具备生活条件的基础上对生活条件再改造，并直接服务于人的劳动。

（一）技能性生活劳动

技能性生活劳动就是通过操作性技术技能改造生活资料（或者生活条件）以满足生活需要的劳动形式，例如做饭、炒菜、缝补、洗衣服、洒扫等。现代科技的发展大部分都是建立在技能性生活劳动之上，例如洗衣机、扫地机器人、洗碗机等智慧家庭、智慧生活的条件改善逐步改变了人们的生活劳动方式，各种劳动中对于体力的需求不断弱化，但是对智能、技术的要求会不断提高，比如了解生活用具的基本原理，并对其进行简单维修，这些技能对生活中的人来说跟过去装水龙头、安电灯泡是同样的道理。因此，现代生活劳动，尤其是技能性生活劳动也要求人们具备一些现代化的技术能力。

（二）审美性生活劳动

审美性生活劳动与技能性生活劳动并不是从领域上进行区分的，它们之间的区分主要在层次上。比如缝补衣服，给一件破了洞的衣服结结实实地补一个补丁，这就是技能性生活劳动。但是补丁不好看，如果对这个补丁做出改造，比如设计成一朵花儿，或是图案等，这就不仅是技术性劳动，而是创造美、创造幸福的劳动过程，这就是审美性生活劳动。再如关于家务中的重点——洒扫。我们把家里干干净净地打扫一遍，属于技能性生活劳动；我们觉得家里太单调，太冷清，太没有艺术感，太乏味，因此想到需要对家里做出各种布置，这种布置到底美不美，见仁见智，但是对于劳动者自己来说，它是按照劳动者自己的审美方式布置的，劳动者在处理家务中按照自己的美的标准创造了自己的空间，为自己的生活创造了美和幸福，那这也是审美性生活劳动。审美性生活劳动不是现代人才有的，比如过去的人自己做家具，但是不忘在桌椅板凳上雕花。这个层次的劳动，不仅对人的技术能力提出了要求，还要求人们具有感知、想象等方面的能力，这些统一起来，就是审美养成和创造美的能力。

二、家庭中的生活劳动及反思

（一）家务劳动

家务劳动是人类社会最为常见、最为古老的基本的劳动方式之一。它与市场经济中的生产劳动共同组成了人类不断发展进步的重要部分。关于家务劳动的概念，学术界还没有统一的界定。但是大部分学者都认为，"家务劳动（housework）是一个非常古老的词语，主要指人类社会中存在于家庭领域中开展劳作的一种形式。也可以说，自从产生了人类社会，家庭中的家务劳动就开始作为维持人类生存生活需要的重要手段而留存下来。

（二）过去的分工

传统性别分工制度的具体表现为"男主外，女主内"的家庭分工模式。女性主要在家庭领域内生活，而男性则主要在公共空间生活。家庭成为人们休憩、养育孩子的场所。男女的身体结构独特，女性要生育孩子，被当作婴儿最初的照料者，承担母职，承担家务。

家务劳动是一项历史久远的劳动，自从有了家庭，家务劳动便随之产生。蒙昧社会，家务劳动由男女双方共同承担，但是已经有了较明显的性别分工，男子一般从事打猎、砍柴、获取原材料等需要较大力气的劳动，妇女则从事烧饭、织布缝衣照料小孩等细致、不需要花费太多力气的劳动。随着私有制的产生和阶级的形成，家务劳动慢慢发展成为专属于女性的劳动。

（三）现在的分工

随着社会生产力的发展以及现代科学技术的飞速发展，洗衣、做饭等家务不再是女性的专属劳动。大部分以前在家庭中完成的家务劳动项目开始转移到社会上来完成，出现了五花八门的社会服务机构。科技的发展创造出各种家用电器，所有这些都简化了家务劳动的内容，减少了家务劳动所要花费的时间。

其次，男女平等观念的宣扬也使得人们传统"家务劳动应该由女性承担"的观念开始动摇，慢慢转变，越来越多的女性参与到社会工作中，也有越来越多的男性参与到家务劳动中，工作与家庭之间矛盾的凸显也反作用于家务劳动，使得家务劳动社会化不断加深。

三、树立正确的生活劳动观念

（一）人人都应具备日常生活劳动能力

生活劳动能力即自我服务能力，即使是将来并不从事制造工作的现代人也应具备基本的生活劳动能力。现代社会需要的公民是善于动手，善于将动脑与动手结合起来的人。因此，可以说在信息化时代，对人们生活劳动能力的要求不仅没有削弱，反而在加强。劳动创造了人，不仅是历史事实，更会在人类个体的成长过程和变迁过程中得到不同程度的再现。

（二）日常生活劳动是获得人生圆满不可或缺的基本能力

飞速发展的时代，虽然劳动的方式、工具、空间、环境都在发生非同寻常的变化，内涵被前所未有地拓展，但劳动之美不会变，劳动的幸福不会变，日常生活劳动是获得人生圆满不可或缺的基本能力。

中华民族从古至今都弘扬劳动精神，古诗中"十亩之间兮，桑者闲闲兮""童孙未解供耕织，也傍桑阴学种瓜""乡村四月闲人少，才了蚕桑又插田""谁知盘中餐，粒粒皆辛苦""稻花香里说丰年，听取蛙声一片"，等等，都是描写中华民族对劳动之情、劳动之爱、劳动之景、劳动成果、劳动之美的珍视和礼赞。俗话说，一勤天下无难事。劳动，是文明的源头也是进步的因子。劳动，缔造了社会也书写了历史，并可以改变世界。对个体来讲，勤劳，是一种积极向上的良好品质，是获得健康、实现梦想的必备条件；对家庭来说，勤劳是一种良好的家风，可以使家庭的氛围融洽，可以获取幸福；对社会和国家来说，勤劳，是一种文化软实力，可以激发创造力。

四、大学生应如何提升生活劳动素质

（一）参与家庭劳动

大学生应经常参与制作食物、打扫卫生、清洗衣服、美化家庭、美化寝室、修补衣服、修理家具等家庭劳动。在当今的社会中，身体素质的好坏和劳动意识的强弱，将是一个人能否取得成功的关键。如果不参与家庭劳动，"衣来伸手，饭来张口"、养成过分依赖父母的不良习惯，会对自身的成长和发展产生不利的影响。

良好的劳动习惯和劳动品质，往往是从家庭日常生活劳动开始的。中国，是一个文明古国，几千年来，劳动人民用自己的双手创造物质财富，振兴民族精神，让中华民族以更加昂扬的姿态屹立于世界民族之林，越来越走向世界舞台的中央。我们只有坚持和发扬这一光荣传统，切实加强家庭日常生活劳动素质的提升，才能成为有较高文化素养和劳动技能的劳动者。

（二）参与社会劳动

参与社会劳动，如打扫卫生、绿化环境、整理设备、修理器具等工作，是提升日常生活劳动素质的重要途径。作为大学生必须具备从课堂和书本中无法获取的社会劳动知识体系，要理论联合实际，通过参与社会劳动，加深对社会的了解，提高劳动技能，增长才干。

（三）参与学校劳动

在校园中提升日常生活劳动素养的途径有：认真学习劳动教育课程、参加学校劳动活动，如打扫卫生、美化校园、参与食物制作等。

大学生在学校中，应通过参与校园劳动培养主人翁意识，践行勤奋和实干的良好习惯。通过参与校园劳动，养成科学作息，增强自身的行动力和执行力；在参与校园劳动的过程中，也可体会多种劳动者的不易，例如学校保卫、清洁、图书馆工作人员等工种。也有利于大学生自觉养成文明的好习惯，减少乱扔垃圾、乱贴乱画等不文明的行为。

因此，大学生提升生活劳动素质要从这三个方面入手，形成联动协同机制，即分别从家庭、学校和社会三个维度协同推进日常生活劳动素质的提高。

第二节　思政教育与高校劳动教育

面对世界百年未有之大变局，要实现中华民族伟大复兴的目标，必须依靠全体劳动者一起劳动、共同创造、倾心奉献，必须在新时代青年大学中树立崇尚劳动、尊重劳动的理念。思政教师要探究劳动精神融入思政教育的有效路径，对新时代大学生进行劳动精神教育。

一、劳动精神的核心内涵

习近平总书记强调，幸福是奋斗出来的。奋斗就是投身实践，就是脚踏实地地劳动。实现自己的梦想，需要劳动；解决工作的难题，需要劳动；铸就生命的辉煌，需要劳动。"我们要在全社会大力弘扬劳动精神，提倡通过诚实劳动来实现人生的梦想、改变自己的命运"。劳动精神是劳动的本质属性，是人们在劳动过程中所表现出来的一种积极状态，是劳动者在劳动过程中具有的精神状态、精神面貌、精神品质。

（一）劳动精神是尊重劳动的精神

劳动是人存在的前提。在漫长的原始状态下，人要从自然界竞争中存活下来，必须解决物质资料的问题，这就需要劳动。劳动是人类在生产过程中把自然物改造成为适合人类需要的物质资料的力量，即人类从事劳动的过程。劳动促进了手与脚的分工，使人学会了制造和使用工具，促进了语言的产生，加速了信息的生产和传播；促进了大脑和机体的进化，加速了信息的积累与处理，所以说劳动创造了人本身。

劳动是社会发展的根本动力。生产力是社会发展的根本动力，物质生产的发展是随着生产力的发展而逐步发展的。这一切都是劳动者在劳动中创造的，凝结在商品中无差别的人类劳动就是价值，劳动创造了价值。劳动是人类文明产生的土壤。人类在劳动的过程中，产生了协调人与自然的关系、协调人与人关系的物质生活方式、思想价值体系，这些物质和精神的成果是人在劳动中产生的各种智慧。文明就是这些智慧的凝结。正是在从事劳动的过程中，人类在积聚物质财富的同时，创造了诗歌、书画、宗教、艺术，产生了影响深远的人类文明。

劳动是中华民族伟大复兴的基石。漫长的历史长河中，中国人用勤劳智慧创造了丰富的物质文明和精神文明。近代以来，中华民族遭到列强的入侵、欺辱，根本的原因是近代中国生产力的落后和社会制度的腐朽。经过浴血奋战，中国人终于在 1949 年 10 月站了起来。今天，中华民族要想实现伟大复兴，需要全国各族同胞在中国共产党的领导下辛勤劳动，需要不断促进社会生产力的发展、打造坚实的物质基础。

（二）劳动精神是中国精神的集中体现

进入新时代，在劳动创造的过程中，广大劳动者体现出了伟大的中国精神，即以爱国主义为核心的民族精神和以改革创新为核心的时代精神。

劳动精神体现了爱国主义为核心的民族精神。自 1978 年改革开放以来，尤其是进入新世纪新阶段以后，广大劳动者以一腔对国家的热爱之情投入轰轰烈烈的社会主义建设中，把人生理想、家庭幸福融入国家富强、民族复兴的伟业之中。正是依靠一腔爱国热情，广大劳动者兢兢业业，踏实进取，爱岗敬业，自力更生，艰苦拼搏，战胜一个又一个困难，攻克了一个又一个关卡，取得了一系列举世瞩目的成就，使中国成为制造业大国，成为产业链最完备的国家。

劳动精神体现了创造创新的精神，是以改革创新为核心的时代精神。创新是国家兴旺发达的不竭动力，是民族的灵魂，是事业的关键。在中华民族伟大复兴的道路上，中国人面临着许多艰难险阻。战胜这些困难，需要一腔热情，也需要战胜困难的法宝，那就是不断地改革创新。广大的劳动者，凭借着自己的智慧，不断开拓创新，直面问题、分析问题、解决问题，在实现自己的价值的同时最终促成了工业大国的建立。

二、劳动精神融入思政教育的价值意蕴

社会主义教育培养的是德智体美劳全面发展的新时代青年。劳动教育是德、智、体、美并列的五大教育内容之一。劳动精神融入思政教育，有利于更好地完成立德树人的教育目标，培养新时代的社会主义建设者和接班人。

（一）符合立德树人的要求，有利于大学生成长成才

培养德智体美劳全面发展的时代新人，是党的一贯目标。社会主义建设初期，毛泽东同志就社会主义人才培养的问题，提出了明确要求："我们的教育方针，应该使受教育者在德育、智育、体育几方面都得到发展，成为有社会主义觉悟的有文化的劳动者。"进入改革开放新阶段后，邓小平重申了这一方针："我们的学校是为社会主义建设培养人才的地方。培养人才有没有质量标准呢？有的。这就是毛泽东同志说的，应该使受教育者在德育、智育、体育几方面都得到发展，成为有社会主义觉悟的有文化的劳动者。"2018年9月，习近平在全国教育大会上明确社会主义教育要坚持社会主义办学方向，"培养德智体美劳全面发展的社会主义建设者和接班人，加快推进教育现代化、建设教育强国、办好人民满意的教育"。

（二）符合思政课程建设规律，有利于思政课教育目标的实现

新时代需要的是爱国、爱人民、爱社会主义的社会主义新青年。思想政治理论课是落实立德树人根本任务的关键课程，着重培养学生的政治认同、家国情怀、道德修养、法治意识、文化素养，使广大学生成为爱党、爱国、爱社会主义、爱人民、爱集体的有理想有责任有担当的时代新人。在思想政治理论课程中，学生通过教师讲授的、分析的一个个生动鲜活的案例，可以看到社会主义建设大潮中广大劳动者爱国奉献、勇于担当、务实进取的精神品质，可以看到广大劳动者在激烈的社会竞争中不断创新、追求卓越的职业理念，可以看到家国情怀在一个个普通劳动者身上的体现。思政教师通过在课程中

讲授劳动精神，可以培养广大青年学子对社会主义建设成就的自豪感，培养他们对中华民族拼搏奋斗历史的认同感，培养他们关心人民、与人民同在的责任感。

（三）符合国家社会发展的需要，有利于广大学生劳动实践的开展

劳动教育是中国特色社会主义教育制度的重要内容，是学生成长的必要途径，具有树德、增智、强体、育美的综合育人价值，直接决定社会主义建设者和接班人的劳动精神面貌、劳动价值取向和劳动技能水平。"要在学生中弘扬劳动精神，教育引导学生崇尚劳动、尊重劳动，懂得劳动最光荣、劳动最崇高、劳动最伟大、劳动最美丽的道理，长大后能够辛勤劳动、诚实劳动、创造性劳动"。

劳动精神融入思政教育，可以为劳动实践做好精神准备。在思政课堂中，教师讲授的关于劳动精神的案例，特别是站在家国情怀角度来阐释劳动精神的内涵、本质等问题，可以引导学生认识我国亿万劳动群众是全面建成小康社会的主体力量，促使青年学子对劳动产生崇敬之情，对拼搏奋进的劳动精神产生认同感，激发学生进行劳动实践的热情，促使他们形成爱岗敬业、勤奋工作，锐意进取、勇于创造的精神品质。

三、劳动精神融入思政教育的路径

（一）明确列入立德树人的教育目标

长期以来，广大教师对于劳动教育的重要性有一定的认识，也在思政教育中贯彻了劳动教育培养新一代青年的理念。同时应当看到，长期以来，重知识轻实践、重智育轻劳动的情况也一直存在。尤其是在物质文化生活越来越丰富的新时代，青少年学生更是把大量的精力都投入到知识学习当中。为此，广大教师要明确劳动教育的重要性，从内心深处重视劳动实践，从言行举止、教学理念等方面重视劳动教育，通过思政课程中劳动精神相关案例的讲述，使学生认可劳动、主动劳动、崇尚劳动；体验劳动创造美好生活，体认劳动不分贵贱，热爱劳动，尊重普通劳动者，培养勤俭、奋斗、创新、奉献的劳动精神。

（二）丰富劳动精神课程案例资源

思想政治教育是关于人的世界观、价值观、人生观的教育，是培育"四个自信"时代新人的教育。思政教师在明确劳动教育重要性的基础上，加大对于劳动精神的讲解。在授课过程中，可以设置相关专题，全面系统地讲解中国劳动者在社会主义建设中的生动案例。在进行爱国主义教育时，以丰富生动的劳动者奋斗事例进行论述；在讲述改革创新精神时，可以用劳动者开拓进取、创新创业的案例进行阐述，形成一个既相互统一又相互呼应、相得益彰的，以实现立德树人教育目的为核心的思政教育系统。

（三）搭建弘扬劳动精神的专业平台

随着信息技术的迅猛发展和通信设备的更新换代，人类进入全媒体时代。新时代给思想政治工作提出了诸多挑战，也带来了许多机遇。思政教师应紧紧把握新时代青年的心理特点和认知规律，搭建青年学生喜闻乐见的新媒体立体平台，促进劳动精神的弘扬。开设劳动教育微信公众号板块，拍摄微视频，通过新媒介向大学生发送创新创业的生动实践，用学生身边的事例，向青年学生传递劳动光荣的理念，使学生增强诚实劳动意识，积累职业经验，提升就业创业能力，树立正确择业观和创业观。

（四）探寻具有地方特色、院校特色的劳动精神弘扬路径

中国地域广阔，每个地区风土人情、发展特色各不相同，每所学校各有专业侧重点。劳动教育是以亲身操作、个体参与为主要形式的教育，因此，势必与地区特点、学校特色相结合。思政教师在进行劳动精神相关问题的讲述时，要针对不同学段、不同类型学生的特点，结合地方产业新业态、地区劳动新形态，与学校特色、学校文化相结合，充分挖掘行业企业、职业院校等可利用资源，形成具有特色的劳动精神弘扬方式。

（五）思政课与社会实践相结合

社会实践是思想政治教育的主要方式和关键环节。丰富多样的社会实践活动可以让学生全面地感受中国社会的经济文化发展成果，进而在学生心中树立"四个自信"、自觉做到"两个维护"。在思政课中进行劳动精神教育，也须发挥社会实践"第二课堂"的作用。需要明确，弘扬劳动精神的实践活动，又不同于一般意义上的思政实践。思政实践方式多样，提倡在体验、参观、寻访、调研中进行实践。劳动教育最大的特点就是一定要身体力行、亲身实践，主张在实际操作中树立崇尚劳动理念，激发拼搏进取的信念。思政教师要把握二者的联系与区别，选择更为有效的方式开展实践活动，达到弘扬劳动精神的目的。

第三节　立德树人与高校劳动教育

将劳动教育融入高校立德树人全过程，有助于大学生深化对人的本质的认识，有助于促进大学生实现自由全面的发展，有助于高校更好地坚持社会主义教育的根本原则。当前，劳动教育融入高校立德树人全过程存在不同程度的缺位和错位问题。为解决这些问题，需要坚持将劳动教育融入课堂教学、坚持将劳动教育融入校园文化建设、坚持将劳动教育融入实践教学，从而有力推动高校立德树人根本任务的实现。

教育关系到培养社会主义建设者和接班人的重大问题，中国共产党历来高度重视教育问题。"'培养什么人'问题是教育的首要问题，决定着教育的根本任务和目标方向。"在中华人民共和国成立初期，教育方针是"使受教育者在德育、智育、体育几个方面都得到发展，成为有社会主义觉悟的有文化的劳动者"。1999年中共中央国务院《关于深化教育改革推进素质教育的决定》提出"培养德智体美全面发展的社会主义建设者和接班人"。在2018年9月10日召开的全国教育大会上，习近平总书记强调"培养德智体美劳全面发展的社会主义建设者和接班人"。习近平总书记把劳动教育纳入党的教育方针，充实了教育方针的内涵，使得"培养什么人"的目标更加明确。虽然我国的教育方针一直强调"教育与生产劳动相结合"，但在实施过程中，往往重视德育、智育、体育、美育等，忽视对大学生进行劳动教育，导致培养的人才不能正确认识劳动的价值，未能形成尊重劳动、尊重劳动者的良好品质。对此问题应引起高校教育工作者的高度重视，积极将劳动教育融入高校立德树人全过程。

一、劳动教育融入高校立德树人全过程的重要意义

（一）劳动教育有助于促进大学生实现自由全面的发展

劳动创造了人类本身，塑造了人的本质，是人类生存和发展的重要基础，也是促进人类自由全面发展的重要途径。劳动教育并不是单纯地传授劳动技能，还包括德育、智育、体育和美育，通过劳动教育能使大学生受到系统教育，促进大学生的全面发展。在社会主义社会，不再存在阶级的区分，阶级剥削和阶级压迫也失去了存在的根源，劳动不再是奴役人的手段，而成为解放人的手段，成为促进人自由全面发展的重要途径。"生产劳动给每一个人提供全面发展和表现自己的全部能力即体能和智能的机会，这样生产劳动就不再是奴役人的手段，而成了解放人的手段，因此，生产劳动就从一种负担变成一种快乐。"加强对大学生的劳动教育，有助于帮助大学生树立尊重劳动、尊重劳动者的良好品质，树立"幸福都是奋斗出来的"的理想信念。

（二）劳动教育有助于高校更好地坚持社会主义教育的根本原则

教育与生产劳动相结合是社会主义教育的根本原则。教育的首要问题是"培养什么人"，社会主义建设者和接班人不能是只会空谈理论的人。习近平总书记曾多次强调"空谈误国"，只有扎实投身中国特色社会主义伟大实践，在实现中华民族伟大复兴中国梦的伟大征程中奉献自身力量的人，才是社会主义合格建设者和可靠接班人。"伟大的事业是干出来"，关乎中华民族伟大复兴的教育事业也必须融入"实干兴邦"的思想，加强对大学生进行劳动教育，培养他们脚踏实地的实干精神。习近平总书记在2018年全

国教育大会上用"最光荣""最崇高""最伟大"和"最美丽"来形容劳动,既突出了劳动教育在高校立德树人过程中的极端重要性,也表明了高校加强劳动教育的必要性和紧迫性。高校只有加强对大学生的劳动教育,引导大学生树立正确的劳动价值观,才能助推大学生在未来的人生道路上通过辛勤劳动、诚实劳动、创造性劳动实现人生价值。

二、劳动教育融入高校立德树人过程中存在的问题

(一)劳动教育在高校立德树人过程中的缺位

改革开放以来,我国在人才评价机制方面越来越重视学历,用人单位一度把学历设为选人用人的门槛。导致劳动教育在高校人才培养体系中长期不被重视,甚至空缺。

1.劳动在教育中的缺位

除一些理工类专业有个别需要动手操作的实践课程外,现有大学生课程设置中几乎没有"劳动课"。事实上,劳动教育与德智体美等方面的教育密切相关。"劳动教育与德智体美等教育一起构成更加全面完整的育人体系,彼此并非独立而排斥的,而是相互交织且价值互渗的。"劳动教育本身就蕴含着德育、智育、体育、美育;而德育、智育、体育、美育也只有通过劳动教育,才能得到强化和升华,取得实效。高校教育体系中的劳动教育缺位现象,未能帮助大学生树立正确的劳动价值观,掌握基本的劳动技能,导致"眼高手低""高分低能"现象的出现。

2.教育在劳动中的缺位

虽然有些高校会组织大学生开展各类校外实践活动,但未将教育融入劳动过程中。仅仅就劳动而劳动,致使大学生认为仅仅是单纯的劳动,甚至误认为劳动是对他们的惩戒,没有达到教育学生的目的。教育是劳动的升华,在劳动过程中,作为活动的组织者应该对劳动目的进行说明,充分阐明劳动的意义,肯定参与者的劳动成果。只有寓教育于劳动,为大学生树立尊重劳动、尊重劳动者的榜样,才能帮助他们树立正确的劳动价值观。

(二)劳动教育在高校立德树人过程中的错位

劳动教育在高校立德树人过程中的错位,具体表现为关于劳动教育认识的错位和关于劳动教育目的的错位。

1.关于劳动教育认识的错位

高校对劳动教育认识的错位具体表现为:第一,对劳动教育重视程度不够,单纯注重培养德智体美全面发展的建设者和接班人,未能将劳动教育列入其中。第二,对劳动分工教育的错位。"到目前为止的一切生产的基本形式就是分工,一方面是社会内部的

分工，另一方面是每一单个生产机构内部的分工。"随着现代社会分工的发展和专业化程度越来越高，大学毕业生的职业选择也日益多样化。由于对劳动分工教育的不到位，导致一些大学生单纯追求"铁饭碗"，而不是根据个人性格特征、专业特长选择更适合自己的工作。

2. 关于劳动教育目的的错位

高校开展劳动教育的目的应该是培养大学生正确的劳动价值观，通过劳动教育，以劳树德、以劳增智、以劳强体、以劳育美、以劳创新，使大学生树立正确的劳动价值观，养成尊重劳动、尊重劳动者的良好习惯。目前存在主要错位现象表现：第一，为完成某项任务而开展劳动教育。学生工作处和团委开展的实践活动往往是为了完成某项工作任务，并不是单纯为了对大学生进行劳动教育；第二，为达到惩戒学生的目的而开展劳动教育。"劳动在一定时期内曾被'妖魔化'为惩罚的手段，扭曲为改造学生思想的工具，窄化为培养学生技能的训练，遮蔽了劳动的本真教育意蕴。"这种现象是对劳动教育目的的偏离，是对劳动教育功能的矮化、窄化和异化，未能有效帮助大学生认识开展劳动教育的重要意义。

三、劳动教育融入高校立德树人全过程的解决路径

（一）坚持劳动教育融入课堂教学

课堂教学既是向大学生传授科学文化知识的主渠道，也是加强大学生思想政治教育的主渠道。坚持将劳动教育融入课堂教学，在具体实施上主要有两点。第一，将劳动教育融入高校思想政治理论课教学。劳动教育不仅是劳动技能的教育，更为重要的是劳动价值观的教育。大学生只有树立了正确的劳动价值观，他们所掌握的劳动技能才有意义。"思想道德修养与法律基础"一课不仅涉及职业观教育，而且涉及劳动者合法权益保护问题。任课教师在课堂教学过程中可以将劳动价值观与职业观教育相结合，在就业观、择业观教育中有效地融入劳动教育，在"法律基础"部分教育大学生如何维护自身的合法劳动权益。第二，将劳动教育融入专业课教学。在人文社会科学类的专业中，融入劳动价值观教育；在理工类专业中，融入劳动技能教育，尤其注重培养大学生的"工匠精神"。

（二）坚持劳动教育融入校园文化

校园文化作为高校思想政治教育重要的文化环境，对大学生的成长成才具有潜移默化的影响。"思想政治教育文化环境是人的存在和思想政治教育运行的'文化场'，这一'文化场'具有'黏合剂'功能。"校园文化建设的根本目的就是为塑造在精神品质、智慧能力和体魄等诸方面获得充分发展的合格人才创造良好的精神条件和环境氛围。劳动

教育融入校园文化，既要融入校风、学风、教风等隐性校园文化，也要融入校园艺术文化活动等显性校园文化。在丰富大学生的课外文化生活的同时，更好地促进大学生的全面发展，在潜移默化中让大学生体会到勤奋劳动、诚实劳动对实现人生价值的重要性，并养成艰苦奋斗的良好品质。

（三）坚持劳动教育融入实践教学

实践教学活动是人们获得正确认识的最重要、最基本的渠道，也是检验已有思想、观念是否正确的重要环节。高校通过开展实践教学活动，帮助大学生将获得的正确的思想观念不断内化于心，外化于形，更好地促进大学生身心全面发展。高校学生工作处和团委在组织实践教学活动时可以有针对性地将劳动教育融入其中，让大学生"将学习到的科学文化知识运用到社会实践中，在实践中创造价值，在实践中放飞青春梦想"。

综上所述，高校应在党委的集中统一领导下，以劳树德、以劳增智、以劳强体、以劳育美，培养更多德智体美劳全面发展的社会主义合格建设者和可靠接班人。

第四节　"三全育人"与高校劳动教育

"三全育人"，即坚持全员育人、全程育人、全方位育人，以学校育人为主，学生家长、企事业单位紧密配合的时间上相互衔接，空间上全面覆盖的育人格局。"三全育人"理念的提出，赋予劳动教育新的时代内涵和要求，明确了当前社会主义人才培养的新理念；而劳动教育是集系统联动、自我驱动、特长发挥、各方指导、资源充分利用、团队参与协作等特点于一体的综合劳动实践教育。高校劳动教育是通过学生参加有组织、有计划、有目的的劳动生产活动，接受实践，使其身心得到锻炼的过程，在制定国民教育战略、完善教育政策、提高教育质量中发挥着不可忽视的重要作用。

一、"三全育人"理念下加强劳动教育的意义

（一）加强劳动教育是落实"三全育人"的现实要求

在新的历史条件下，我国当代高校大学生的劳动教育呈现薄弱甚至缺失的状态，呈现出劳动教育边缘化、劳动教育功利化、劳动教育片面化的特点。首先，国家在劳动教育方面总体投入不足，缺乏科学的领导管理，无法满足开展更多劳动教育的资源需求；其次，新时期社会物质条件的改善减少了大学生自主参与劳动的机会，社会思潮的涌动使得拜金主义、享乐主义、个人主义等消磨人的劳动意志，易使学生滋生消极劳动情绪；

最后，"重知识轻实践"的教育评价体系、父母的宠溺及巨大的应试压力都在一定程度上弱化了大学生成长过程中的劳动教育。"三全育人"理念正是要扭转传统劳动教育的逆势，所以加大劳动教育投入，提高对劳动教育的重视，创新劳动教育评价模式，转变劳动教育方式，上下一体，各方联动，形成全员参与、全方位覆盖、全过程渗透的劳动教育体系。

（二）加强劳动教育是社会主义事业对大学生发展的内在要求

2015年修订的教育法与高等教育法明确提出，社会主义建设者和接班人应该具有德、智、体、美等方面全面发展的品质。社会主义事业是劳动者的事业，社会主义事业的成果少不了劳动者的智慧和汗水。大学生作为新时期社会主义事业的劳动者、建设者，肩负着历史重任与时代使命，对大学生加强劳动教育具有重要作用。通过劳动教育与实践，大学生德、智、体、美、劳也能实现全面发展，如可以丰富大学生劳动经验，增强其社会责任感，使其懂得收获来之不易，有利于强化大学生对劳动者的尊重，也能使其在与社会的接触中感受国家发展变化的动态，强化家国情怀。

二、"三全育人"理念指导下的劳动教育实施路径

2017年2月，中共中央、国务院印发的《关于加强和改进新形势下高校思想政治工作的意见》明确提出了高校要坚持全员、全方位、全过程育人的教育思想。"三全育人"思想明确了"由谁教育""何时教育""如何教育"的问题，也为解决劳动教育中存在的现实问题提供了清晰明确的思路和方针，对完善劳育机制、提高劳育实效有重要指导意义。

（一）全员参与，加强劳育队伍建设，营造劳育浓厚氛围

全员育人要求育人主体多元化，动员多方育人力量参与劳动教育工作，形成育人合力。除了专职负责学生教育管理服务工作的学工队伍外，还应包括任课教师、学生骨干、行政管理人员等。北京理工大学在"书院制"育人模式下，推行"三全育人"导师制，"三全导师"既是"三全育人"工作的主体，也是劳动教育的重要抓手，各方人员协同配合，形成劳育合力。

首先，巩固辅导员教育主导作用。辅导员是学生学习和生活最为直接的管理者，在劳动教育中发挥着主导作用，应在日常教育管理服务学生的过程中贯彻劳动育人。例如加强社区管理，社区是学生日常学习和生活的重要场所，辅导员应定期深入走访学生宿舍，熟悉了解学生的基本劳动情况和思想，如发现问题及时对学生进行指导，要掌握学生的实际需求，为学生提供适当的理论学习或实践锻炼机会，鼓励学生之间相互学习相互帮助，切实帮助学生树立劳动观念、培养劳动精神、养成劳动习惯、提升劳动技能。

其次，发挥"三全导师"教育引领作用。"三全导师"包括学术导师、学育导师、朋辈导师、通识导师、校外导师、德育导师等类型。"三全导师"在通过教育讲座、师生座谈等导学形式与学生进行交流时，适当融入劳动教育内容，帮助学生树立正确的劳动观念和劳动意识，协同辅导员了解学生劳动素养情况，发现并掌握劳动需求，尤其要充分发挥朋辈导师的引领作用。朋辈导师一方面作为导师，有教育和引导学生的职责。另一方面，作为学长学姐，相较于其他导师更加了解学弟学妹们的生活和学习环境。也更容易发现问题，更有利于及时纠正问题。朋辈导师要严格要求自己，发挥榜样示范作用，辐射更多同学，营造良好的劳动氛围。

最后，加强各部门的教育协同作用。全员劳动育人需要全校各个部门协同。除了学生干部工作外，行政和管理人员也应转换工作理念，提升育人意识，在与学生交流中弘扬劳动精神、为学生提供劳动实践机会，善于发现问题，配合学生工作干部做好学生的教育和引领工作。例如社区管理工作人员，除了做好学生的管理和服务工作外，也要发挥教育和监督的作用，在日常工作中如发现学生存在教育观念或教育实践方面的问题，应及时给予指导，必要时联络社区辅导员，相互配合做好学生的跟踪指导工作。

（二）全过程渗透，建立长效育人机制，保证劳育连贯性与整体性

劳动教育不能一蹴而就，而是需要从点滴处入手，从长远处着眼，通过长效细微的劳动育人机制来真正对学生的劳动观念和劳动能力产生影响。对于不同时期的学生来说，学生所处教育环境不同，教育目标也不尽相同，因此，面向大学生的劳动教育不能一概而论，既要具有一定的针对性和动态性，更要具有长期性与连贯性。

首先，重视大学生入学阶段劳动教育，系好人生第一颗扣子。对于大一新生来说，很多是第一次离开家庭、离开父母，他们缺乏实践知识和劳动锻炼，最迫切需要的是尽快适应集体生活，培养独立劳动的能力。因此，针对大一新生，高校应在入校伊始就开始组织学生进行自我服务劳动教育，激发学生劳动兴趣，了解劳动重要性，例如充分发挥"全员育人"力量，提高深入宿舍频率，在走访新生宿舍过程中开展劳动教育，发现并整理问题，解决学生当务之急的同时为后续开展系统性的劳动教育打好基础。除此之外，在新生军训中也可融入劳动实践，包括个人实践和集体实践，在集体实践中引入团队意识，使学生在集体劳动过程中体验收获与快乐，提升劳动兴趣，培养劳动精神。此外，在其他入学教育系列活动中，加强思想引领，可以通过介绍劳动先锋模范事迹或者其他关于劳动教育重要性的内容让学生了解劳动教育的时代内涵与意义，鼓励学生尽快参与到劳动当中，提升劳动素养，适应大学生活。

其次，加强大学生在校期间劳动教育，全面提升劳动素养。大二、大三阶段是学生

成长成才的重要阶段，在这一阶段当中学生已基本适应了大学生活，对大学生活的迷茫和疑惑减少了，而学习能力和实践能力都飞快提升了，对基本生活技能的需求开始降低，对自我实现和高阶劳动能力的需求不断提高。因此这一阶段，要全面发挥教育教学主阵地作用，并且充分利用"第二课堂"平台，创造各种实践锻炼机会，面向大学生开展更为深入的劳动教育。例如开设专门劳动教育课程，通过理论结合实践帮助学生掌握劳动技能。或者开展劳育活动，通过趣味又实用的劳动小活动使得学生在学习技能的同时丰富课余生活，体验劳动的快乐。鼓励学生参与勤工俭学、社会实践、志愿服务等实践活动，在实践中培养劳动精神，锻炼劳动能力。

最后，深化大学生毕业前期的劳动教育，为学生步入社会保驾护航。大学生步入社会前，是开展劳动教育的关键阶段，劳动教育应与就业指导、毕业实习、实训充分结合。一方面帮助学生正确了解自己的能力水平，认知到不足并及时改正，全面提升自己的劳动本领，为将来步入社会更好地生活和成长成才打好基础；另一方面，要在教育中磨炼学生意志、砥砺学生品格，帮助学生形成健全完善的人格，同时培养学生勤奋、踏实、严谨的劳动品质，弘扬新时期"劳模精神""劳动精神"和"工匠精神"，帮助学生更好地适应社会和面对竞争，培养出爱岗敬业、勤奋工作、锐意进取、勇于创造的社会主义建设者和接班人。

（三）全方位融合，丰富劳动教育形式，提升劳育工作实效

全方位劳动育人是指充分挖掘和整合校内校外、课上课下、线上线下多方面教育资源，以更加丰富的形式、更加全面的内容来支持劳动教育，从而更好地满足学生劳动学习需求，激发劳动学习兴趣，提升劳育工作实效。

首先，构建学校、家庭、社会联动的劳育网络。学校、社会和家庭都是开展劳动教育的重要阵地，发挥着重要的育人作用，三方相互配合、相互补充能达到更好的劳动教育实效。第一，全面发挥家庭隐性劳育作用。对于劳动教育而言，家庭教育是学生的启蒙阶段，绝大部分同学的劳动观念、劳动意识，以及基本劳动技能都是从家庭教育中获得的。因此，为了真正做到全方位劳动育人，要做好家校携手，父母要发挥积极的教育影响作用。既要注重言传身教，以身作则，为学生树立劳动榜样；也要在家庭中创造良好的劳动氛围，让学生从小培养"劳动光荣"的意识，此外，要多为学生创造劳动机会，从锻炼中提升劳动能力。第二，切实发挥学校劳育主阵地作用。从课程、活动、实践、文化、管理等方面进行全方位的劳动教育。通过设置劳动教育培训相关课程和讲座来针对性提升学生劳动素养，通过多种多样的劳育活动和校内实践激发学生的劳动兴趣，并且在实践中一边检验自己的劳动能力，一边学习劳动技能。在学校营造浓厚的劳育文化

氛围，"书院制"模式下的学生社区，作为学生学习和生活的重要场所，在社区中营造劳动氛围，加强管理，可以促进学生培养劳动精神、树立劳动意识，同时促进学生相互之间的交流学习。在社区管理过程中，可以进一步规范学生行为，发现学生劳动方面存在的不足，并且在社区中为学生提供锻炼自己的机会和平台。第三，充分发挥社会劳育教化作用。社会是锻炼人的大学堂，要充分发挥社会的育人功能，鼓励学生参与社会实践，到社会当中锻炼自己。例如参与志愿服务、社会调查、校外实习、勤工俭学等，不仅能够提升学生的劳动素养，同时对于提升学生思想认识，培养学生社会责任感有一定的促进作用。此外，要善于挖掘校外的优秀劳动教育资源，并且尝试以合适的方式引入校内，发挥"学校＋社会""1+1＞2"的劳动育人作用。

其次，形成课上、课下互促互补的劳育体系。在学校教育中，按照教育的时间和空间，可分为课堂教育与课外教育，也就是所谓的课堂教育与"第二课堂"教育。课堂上，学生可通过专业的课程学习知识，课堂以外，开辟"第二课堂"，学生通过参与系列有目的、有计划、有组织地开展教育活动来进一步学习知识和技能，并在实践中增长才干。第二课堂与课堂教学相比，时间和地点的选择更为灵活，学生可以根据需要自愿参加，有针对性地提升自身。对于劳动教育而言，课堂教学与第二课堂无疑都是重要的教育渠道，两者相互促进、相互补充，共同发挥作用。课堂劳育方面，一方面包括专门开设的劳动教育通识课程，例如"劳动概论""劳动科学概论"等；另一方面可以将劳动教育融入大学生的专业课程学习当中，强调劳动伦理、劳动态度等内容，全面培育劳动精神，更要在课程上挖掘关于"工匠精神""劳模精神"等特色劳育资源，开展特色专业劳育课程。第二课堂劳育方面，一方面可结合第一课堂的教育内容，挖掘校内外资源，以丰富生动的形式开展教育活动，作为第一课堂补充；另一方面可通过各种形式的劳动活动和实践锻炼，例如社团活动、宿舍文化、劳育小课堂等形式引导同学们在活动中认识到劳动最光荣、劳动最崇高、劳动最伟大、劳动最美丽的道理，自内而外提升学生劳动素养。

最后，打造线上、线下相互融合的劳育平台。随着互联网的发展和普及，打破传统时间空间限制的"互联网＋"教育越来越多地出现在大中小学校园。对于劳动教育而言，除了传统的线下教育和实地实践活动，也应充分挖掘丰富的线上学习资源，将线上与线下结合，实现"混合式"劳动教育。线上方面，一方面，可以充分利用关于劳动技能教学或者弘扬劳动精神，培养劳动意识的相关教学资源，例如视频教程、图文教程、典型劳动榜样先进事迹分享等，开设网络劳动课程，依托互联网庞大的信息网络，线上劳动课程涵盖范围更大，资源也更加丰富；另一方面，可以利用网络构建支持师生或者生生间交互的网络平台，为学生提供协作交流的平台，学生在互联网上分享劳动技能，交流劳动感受，认识劳动伙伴，可以极大地激发学生的劳动热情。线下方面，一方面通过各种线下课程和实践活动实现劳动育人；另一方面，可以在课程设置时将线上资源融入，使线上、线下相互呼应，相互补充，实现真正的"混合式"劳动教育。这种"混合"既包括环境上的混合，也就是网络学习环境与线下教学环境的混合，也包括学习方式的混合，比如将移动学习与课堂学习相混合，自主学习与集中学习相结合，理论知识学习与实践训练相结合等。还包括学习资源的混合，也就是网络劳育资源与线下劳育资源的混合。混合式劳动教育有助于挖掘更多优质的学习资源，提高学习实效，激发学习热情。

总的来说，"三全育人"理念下，"全员""全过程""全方位"三者是相互关联、相互依托的。全员参与是开展"三全育人"理念下劳动教育的基础，是全过程和全方位育人的保障。全过程渗透离不开全员的参与，渗透过程中也需要多方位融合，全方位融入。新时代背景下，开展全员、全过程、全方位的劳动教育，是培养学生劳动价值观和劳动素养，提升育人实效的重要途径，对于打开新时代劳动教育新局面，实现立德树人的人才培养任务具有重要意义。

第五节　精神培育与高校劳动教育

劳动教育和大学生担当精神的培育是中国特色社会主义教育制度的重要内容，推动高校劳动教育和大学生担当精神的融合发展对加强构建德智体美劳全面发展的教育体系有着重要的作用。本节在明晰新时代我国高校劳动教育和大学生担当精神培育的基本内容基础上，探讨高校劳动教育和大学生担当精神融合发展的必要性和重要性。

一、新时代我国高校劳动教育与大学生担当精神培育概述

（一）新时代我国高校劳动教育概述

1.新时代我国高校劳动教育的基本内涵

"'两个一百年'奋斗目标的实现、中华民族伟大复兴中国梦的实现，归根到底靠人才、靠教育。"为构建符合我国发展需要的德智体美劳全面发展的优秀人才教育体系，劳动教育又一次回到了大众视野。《中共中央国务院关于全面加强新时代大中小学劳动教育的意见》中指出："实施劳动教育重点是在系统的文化知识学习之外，有目的、有计划地组织学生参加日常生活劳动、生产劳动和服务性劳动，让学生动手实践、出力流汗，接受锻炼、磨炼意志，培养学生正确劳动价值观和良好劳动品质。"

由以上内容可见，我国的劳动教育是指教育者用一定的实践要求，对受教育者施加有目的、有计划、有组织的影响，使他们形成符合一定社会要求的实践能力和劳动价值观的社会实践活动。受教育者的劳动类型包括生活劳动、生产劳动和服务型劳动。

2. 新时代我国高校劳动教育的主要内容

新时期我国高校劳动教育内容有了新的要求，《中共中央国务院关于全面加强新时代大中小学劳动教育的意见》中对高校劳动教育的内容指出："高等学校要注重围绕创新创业，结合学科和专业积极开展实习实训、专业服务、社会实践、勤工助学等，重视新知识、新技术、新工艺、新方法应用，创造性地解决实际问题……"所以，总的来说，我国高校劳动教育主要是围绕生产劳动和服务性劳动展开的。

首先是生产劳动，对大学生来说，生产劳动包括勤工助学、实习实训等。通过这样的方式，高校组织学生进行生产劳动，有利于促进学生的社会实践能力，能够为毕业后的创新创业和就业发展奠定实践基础，从而在一定程度上提高学生毕业后的社会适应能力。

其次是服务性劳动，这里所指的服务性劳动是带有公益性的社会实践活动。高校加强学生的服务性劳动教育有利于培养奉献精神、担当精神和责任意识，以及为公共服务的意识，一定程度上对塑造大学生的道德品质起到了推动作用。

（二）我国高校大学生担当精神培育概述

1. 担当精神的内涵

从"天将降大任于斯人"到"不破楼兰终不还"；从"岂因祸福避趋之"到"横眉冷对千夫指"，虽然历朝历代对担当精神的理解不同，但是，担当精神自古至今都是中国人引以为傲的民族精神之一。中国特色社会主义进入新时代，习近平对担当精神做出了全新阐释：担当就是"坚持原则、认真负责，面对大是大非敢于亮剑，面对矛盾敢于迎难而上，面对危机敢于挺身而出，面对失误敢于承担责任，面对歪风邪气敢于坚决斗争"。由此可见，担当精神的内涵由坚持原则和认真负责两个方面构成。

首先，坚持原则是指，在大是大非面前坚持正确的理论导向和行为导向，不被邪恶蛊惑，敢于同邪恶势力做斗争。对大学生而言，坚持原则就是要坚定理想信念，不被外物蛊惑，积极从事对祖国和人民有利的活动。其次，认真负责是指，敢于承认自己的错误，面对危机能够迎难而上，不畏缩不后退，积极站好每一班岗。对大学生而言，犯错并不可怕，需要有积极承认自己错误的勇气，面对生活中的困难需要积极面对并解决。

2. 我国高校大学生担当精神培育的现状

培养大学生担当精神，立足新时代，把握大学生社会责任担当意识培育的现实要求是高校思想政治教育工作的重要内容。目前我国高校对大学生思想道德建设的重视程度越来越高。这集中体现在高校不断加强和完善思想政治教育教师队伍建设、通过开放"慕课"等公共课程对学生进行思想政治教育等。这在一定程度上对大学生担当精神的培育起到了促进作用，使学生形成了一定的担当意识。

另一方面，在高校对大学生担当精神培育的过程中也出现了理论知识与实践分离、教育形式过于单一等现象。首先是课本理论与社会实践相分离的问题，体现在我国高校虽然设置了思想政治教育必修课，但是没有做到将课本中担当精神的理论与具体实践相结合，导致学生对所学的内容不能充分理解。其次，教育形式过于单一。我国绝大多数的高校课程是通过教育者口头讲授实现的，由于口头讲授法具有局限性，学生对于学习内容的接受程度参差不齐。我国高校对大学生担当精神的培育大多仅限于通过教授思想政治教育类课程实现，这就造成了教学形式过于单一。对大学生担当精神的培育不应该仅局限于通过思政课程，还可以将其渗透进各个学科教学，潜移默化地让学生接受教育。

二、新时代我国高校劳动教育对大学生担当精神培育的作用

（一）新时代我国开展高校劳动教育对大学生担当精神培育的必要性

1.高校开展劳动教育是培育大学生担当精神的重要途径之一

我国高校开展的劳动教育，对大学生实践能力的培育和民族精神的培育都有重要作用。首先，通过对大学生实行劳动教育，特别是生产性劳动教育在一定程度上能够提高大学生社会实践能力。我国普通高校通过对大学生实行生产性劳动教育，培养大学生劳动意识和动手能力，使大学生具备一定的社会实践能力，在大学生走向社会后能够更快地适应社会。

其次，通过对大学生实行劳动教育，特别是服务性劳动教育，在一定程度上能够促进大学生对社会主义核心价值观和民族精神的理解。比如很多同学毕业后选择参加"三支一扶"或在社区进行义务劳动，用自己的行动诠释青春。这些同学用自己的行动为千千万万的大学生上了一堂课，告诉了我们什么是担当精神，这就是劳动教育优越性，通过劳动教育可以培育大学生的担当精神。

2.培育大学生担当精神可以推动高校劳动教育目标的实现

"新时代劳动教育主要育人目标就是针对一些青少年中出现的不珍惜劳动成果、不想劳动、不会劳动的现象，从思想认识、情感态度、能力习惯三个方面向全体学生提出劳动教育目标，突出强调劳动教育的思想性。"《中共中央国务院关于全面加强新时代大

中小学劳动教育的意见》中对于我国新时代劳动教育的目标进行了阐述。由此可知,我国新时代劳动教育的目标主要是从思想认识、情感态度和能力习惯三个角度来阐释。想要养成良好的能力习惯就必须从思想上坚定劳动观,从情感上培养奋斗奉献的劳动精神。培育大学生的担当精神,能够使大学生从情感上养成乐于奉献、勇于担当的精神,从而形成正确的家国观、人生观。这对劳动教育目标的实现可以起到推动作用。

(二)新时代我国高校开展劳动教育对大学生担当精神培育的重要性

1. 高校开展劳动教育使大学生担当精神的培育从理论走向实践

针对我国高校对大学生担当精神的培育存在理论知识与实践分离、教育形式过于单一等现状,在高校实施劳动教育能够丰富担当精神培育的形式和内容,使大学生担当精神的培育从教育者的口头讲述和课本的理论知识中得到延伸,采取更加生动灵活的劳动实践手段,让大学生能够潜移默化地学习担当精神,并对他们产生深远持久的影响。我国高校对大学生担当精神的培育主要还是通过思想政治教育课程,而理论知识的教育往往存在学习效果不佳、学生学习热情不够高的现象。高校开展劳动教育,使同学们走向实践,一方面提高了同学们的热情,另一方面理论与实践相结合巩固了担当精神培育的效果。

2. 高校开展劳动教育创新了大学生担当精神培育的方式方法

我国高校传统的担当精神培育方式主要是通过思想政治教育必修课和选修课进行理论灌输和引导。其他方式还有开展活动或主题班会,以及学生组织的引导等。劳动教育的开展,为大学生担当精神的培育提供了新的方式方法,学生可以走出课堂,用切身体验去领悟什么是担当精神。在这种新的教育方式的推动下,学生可以在劳动中将课堂所学理论知识与实践相结合,不仅丰富了担当精神培育教学的内容,也完善了担当精神培育教学模式。

三、新时代我国高校劳动教育与大学生担当精神培育的融合路径探析

(一)新时代我国高校应促成劳动教育与担当精神培育理论的融合

新时代,为把我国建设成为富强、民主、文明、和谐、美丽的社会主义现代化强国,作为大学生应该做到德智体美劳全面发展,劳动教育不仅要靠实践,理论教育的重要性也不容忽视。在进行劳动教育的理论教育过程中,我们也应该看到其与担当精神教育的联系。认真负责、坚持原则作为大学生担当精神的重要内容,不仅体现在担当精神的培

育中，还体现在劳动教育的理论教育中。劳动不仅要做，还要"做好"。要教育学生"做好"劳动，认真负责，就必须在劳动教育的理论教育过程中融入大学生担当精神的培养，这样才能提高劳动效率，将劳动教育的成果充分展现。与此同时，也能在劳动中培养大学生的担当精神，一举两得。

（二）我国高校应促成劳动教育与担当精神培育实践的融合

高校应因地制宜利用社会历史文化资源实现在劳动中培育大学生的担当精神。高校应该因地制宜利用当地特有的历史文化遗迹，将劳动教育与担当精神的培育融入其中，使学生在环境中潜移默化地接受劳动教育和担当精神的培育，这样还能使历史文化遗迹在当今社会焕发新的活力。比如组织学生在当地爱国主义教育基地做志愿讲解员，或者利用当地的历史文化场馆，通过组织同学实地参观或调研达到劳动教育与担当精神培育的融合。

高校应充分发挥服务性学生组织的影响力促成劳动教育与担当精神培育的融合。我国高校有形式各样的学生组织。其中，有很多服务性的学生组织，比如志愿者协会、学生服务中心等。但是，这类学生组织开展活动过程中往往存在无法切实保障学生的安全等问题。这与高校对此类学生组织的重视程度不够有很大关系。在开展劳动教育的过程中，高校应该看到这类学生组织的潜力，充分利用学生组织资源，分配老师配合学生组织工作。通过组织学生进行劳动教育，能够让学生在自我管理中进行劳动教育的同时，督促学生在服务性劳动结束后，积极总结感悟，培养大学生担当精神。

高校应充分利用学生寒暑假社会实践活动促成劳动教育与担当精神培育的融合。目前，各高校都会在寒暑假组织学生进行社会实践，社会实践的种类非常丰富，小到社区服务，大到环境治理等。随着这些年高校对大学生寒暑假社会实践模式的不断探索，部分高校有了较为完备的寒暑假社会实践体系。但是，对于寒暑假社会实践成果的评价，大多数高校存在重视程度不够高以及并没有将其与实际劳动学分相结合的现象。这就导致大学生寒暑假社会实践趋于形式化，并没有充分挖掘其教育潜力。所以，针对以上现象，高校应该充分发挥社会实践的功能，使高校学生正确认识责任与担当、劳动的意义与价值的关系。比如：高校可以将寒暑假社会实践的学分与劳动教育的学分挂钩；组织负责劳动教育教师做社会实践的带队人，在社会实践过程中和开学后，对参加寒暑假社会实践的学生进行评价等，增强大学生的社会实践能力，也能在评价中找到信心，更加积极地接受劳动教育。

第六节　社会工作与高校劳动教育

　　社会工作独特的专业优势及其与劳动教育的内在契合性，为高校劳动教育借鉴社会工作的工作方法提供了可行性。社会工作方法主要有个案工作方法、小组工作方法和社区工作方法。社会工作方法介入高校劳动教育的具体实施路径为：借鉴个案工作方法，推进常态化劳动教育个案辅导，提高家庭在劳动教育过程中的参与性；借鉴小组工作方法，通过建立劳动教育理论学习小组、劳动教育兴趣小组和劳动榜样小组，激发高校劳动教育的积极性，形成人人参与的良好氛围；借鉴社区工作方法，通过发展学生自治组织，培育校园劳动文化，利用社区资源开展劳动教育，培养大学生劳动实践能力。

　　劳动教育是以提升人的劳动素养、促进人的全面发展为目标的教育活动，直接影响乃至决定了人的劳动精神面貌、劳动价值取向和劳动技能水平。高校劳动教育，承载着培养社会主义建设者和接班人的重大使命，是高校实现立德树人根本任务的内在要求和重要途径。社会工作与劳动教育在价值观念、工作目标上具有内在契合性。以社会工作专业方法为切入点，探索借鉴其为高校劳动教育服务的有效路径，对于培养大学生热爱劳动、诚实劳动、创造性劳动的品格，培养德智体美劳全面发展的社会主义建设者和接班人具有重要的理论意义和实践意义。目前，学界对高校劳动教育的研究主要集中于从教育学、管理学的角度来阐释其概念，缺乏从社会工作专业的角度探索其实践。鉴于此，本节拟从社会工作服务于高校劳动教育的可行性出发，探索其路径与方法，以供学界参考。

一、社会工作介入高校劳动教育的可行性

　　社会工作自身的专业优势及其与劳动教育目标的契合性，为社会工作介入劳动教育提供了可行性。

　　其一，从问题导向来看，社会工作对解决劳动教育问题具有独一无二的专业优势。当前高校开展劳动教育的相关课程较少，且对其缺乏科学化、体系化的管理，劳动教育内容单一，教学方式方法简单，缺乏实践教学，教育过程缺乏互动性、针对性、实效性、持久性。如何破解当前劳动教育的困境呢？我们认为，以社会工作专业方法作为切入点，可为探索其介入高校劳动教育提供新的视角。这是因为：一是社会工作作为一门实践性很强的专业，能为大学生提供丰富的劳动实践机会。社会工作者因其工作性质而具备链接公益资源的条件和能力，可以为大学生提供与学校、社区、社会等场所紧密结合的劳

动机会，如专业实习或公益活动等；大学生也可为各公益机构、各社区提供活动方案创意、劳动宣传，以及志愿服务等特色劳动服务，实现资源共享互补；二是社会工作具有激发人的潜能、促进人的全面发展的特点。社会工作者对服务对象收集资料并进行具体判断后，确定其是具备能力还是存在问题，而后可以充分利用周围资源对其形成有力支持，以提升服务对象的能力；三是社会工作具有全面、整合的服务特点，可提供综合服务。个人的成长与社会环境的改变密切相连，而社会环境的改变又与个人的成长密不可分。从劳动教育本身来看，其实施的基本途径是家庭教育，主要途径是学校教育，而社会教育则是前两种教育的延续和拓展。社会工作的服务对象不仅可以是大学生个体或群体，还可以是其家庭或社区等。若将服务对象定为大学生的家庭，可通过个案工作的专业方法，改变家庭不合理教育方式，完善家庭功能，从而纠正大学生的劳动观念与行为。

其二，从目标来看，社会工作与劳动教育具有内在的契合性。劳动教育主要是劳动价值观教育，是人们在劳动过程中表现出来的情感态度和价值取向，人们对劳动与自身关系的认识、如何看待个人劳动与社会劳动之间的关系等与劳动有关的认识问题，对人们的劳动选择和劳动行为起着引导和支配的作用。劳动教育具有强烈的时代特征与社会属性，一个人的劳动观极其重要，是一个人未来发展的基础。人的全面发展最根本的是人的劳动能力的全面发展，即人的智力和体力的充分、统一的发展。劳动教育旨在培养大学生发展创造性劳动的潜质，使之具备一定劳动知识与技能，具备良好的劳动习惯，具有正确的劳动价值观念的高素质全面发展人才。劳动教育的过程就是激发大学生劳动潜能、培训其劳动技能、培育其劳动情怀的过程，也是大学生接受社会磨砺从而被社会化的过程。而从社会工作目标来看，社会工作在服务对象层面的目标为解救危难、缓解困难、激发个人潜能和促进发展。社会工作关注服务对象能力的发掘与运用，强调社会要提供机会让每个人成长和发展，以实现其最大的潜能，让人人有平等机会参与社会活动。社会工作坚持助人自助的价值理念，强调通过社会工作者对服务对象的平等、尊重、接纳，使大学生提升理论素养，参与生产劳动实践，加深对劳动的正确认知，勤奋做事、勤勉为人，用劳动创造美丽人生，用奋斗谱写幸福乐章，使大学生朝着"德智体美劳"综合发展的培养目标努力，成为合格的社会主义的建设者和接班人。

二、社会工作的工作方法介入高校劳动教育的路径

社会工作的工作方法有个案工作方法、小组工作方法、社区工作方法。这三种工作方法都可以为高校劳动教育提供可行的实施路径。

（一）将个案工作方法介入高校劳动教育中

个案工作是指运用专业的知识、方法和技巧，通过一系列的专业工作，帮助遭遇困难的个人或家庭发掘和运用自身的能力、周围的资源，改善个人与社会环境之间的适应状况，实现对人的尊重和肯定的过程。个案工作具有自己鲜明的特色，秉持接纳、尊重、个别化的价值理念。运用个案工作方法对大学生进行劳动教育，可帮助大学生探索自我，纠正其劳动价值观偏差，树立正确、科学的劳动价值观。

推进常态化劳动教育个案服务。个案工作是社会工作者与服务对象——大学生——一对一相互影响、相互作用的过程，注重发掘和运用服务对象自身的能力及其周围环境的资源，恢复和增强个人或家庭的社会功能。在服务对象确定阶段，社会工作者通过大学生的班主任和辅导员的转介、朋友的推介或大学生主动寻求获得服务，确定服务对象，并从生态系统角度对服务对象的需求开展评估，从而制订有针对性的专业服务计划。社会工作充分运用会谈、记录、收集资料、策划方案、评估等技巧，发挥个案服务的心理疏导功能与素质教育功能，使其成为学校德育实践的一部分。个案服务要求社会工作者将服务扎根于学校，对服务对象保持跟进与定期回访，还要求特别注重个案工作中支持性、引领性、影响性技巧的运用，以确保服务效果的持久性。只有用积极定期的个案服务取代训斥的教化方式，才能够有效克服大学生的逆反心理，保护其自尊心，使其易于接受和理解。对长期无法完成劳动教育理论学习、具有突出的懒惰习惯和过度依赖家庭特征的服务对象，可通过错误认知的辨认，对其进行劳动意识的认知重塑。常态化劳动教育个案服务可通过会谈的方式进行。当服务对象出现对劳动的错误认知时，社会工作者可通过引导性、影响性的技巧，如澄清、建议、忠告、对质等，重塑服务对象的认知行为。

提升家庭在劳动教育过程中的参与性。大学生劳动观念淡薄、劳动技能缺失等问题与家庭教育的缺失有着紧密联系。家庭为大学生提供了经济与情感支持，家庭成员的言行举止、生活方式会对大学生产生巨大影响，家庭成员对劳动教育的认可，有利于推动高校劳动教育的开展。社会工作者通过加强与家庭成员的合作，充分发挥家庭在劳动个案中的教育功能，对于提升家庭在劳动教育过程中的参与性，建立劳动教育良好的社会支持网络，为高校劳动教育创造良好的环境条件，都具有重要意义。社会工作者在个案过程中通过心理疏导、价值引导，可帮助大学生重估过去经验，改变大学生对劳动排斥的态度，树立正确的劳动价值观。具体路径包括：一是社会工作者应邀请学生及其家庭成员一同参与到制订计划、资源整合与评估的整个教育过程中。在申请与接案工作阶段，家庭成员也可提出愿望与诉求，参与到接案评估过程中。在预估与问题诊断阶段和计划制订阶段，家庭成员辅助提供服务对象的个人详细资料，这有助于社会工作者对服务对象的表现、问题成因、资源等进行更加科学的诊断；二是在开展服务阶段，每次会谈的问题与成效不仅要与服务对象进行交流，还要与家庭成员一同推进服务，激发家庭的教育功能，共同发掘服务对象的潜在能力，促使其发生有效改变。在协调、评估与接案时，家庭成员要为服务对象参与劳动活动发挥教育、监督的作用，并为社会工作者提供持续跟进的信息反馈；三是家长在个案进行的过程中也应全面了解学生的问题与需求，家长与学生之间要加强沟通与联系，对于那些歧视劳动者、拒绝劳动、懒惰等不良意识和行为，特别需要大学生家庭的深度参与，有效防止、及时引导、反馈信息、持续跟进。

（二）将小组工作方法介入高校劳动教育中

小组工作是经由社会工作者的策划与指导，通过小组活动过程与组员之间的互动和经验分享，帮助小组成员改善其社会功能，促进其转变和成长，以达到预防和解决有关社会问题的目标的社会工作专业方法。小组工作注重人际依存与互动关系，通过成员间的相互依存与相互影响，以形成特定的小组文化与社会关系氛围。小组工作方法相对个案工作方法的适用范围更加广泛，能够有效弥补个案方法的不足，充分考虑大学生群体的个性需要，具有较强的体验感、趣味性、创造力与活动性等特点。针对不同劳动需求的大学生，可以组织不同目标的小组活动，包括建立劳动教育理论学习小组、劳动兴趣小组、劳动榜样小组等。

建立劳动教育理论学习小组。劳动教育理论学习小组是组织小组成员学习理论著作、研机析理，提升自身劳动理论素养的学习小组。理论学习小组应实时跟进劳动教育理论，将最前沿的思想以立体化、趣味化的方式传达给大学生，提高其对劳动的认知，促进其正确、科学劳动价值观的树立。目前，多数高校都开展有以思想政治理论课、党员党课和班会团建等形式为主的劳动教育课程。社会工作者可组建相应的劳动教育理论学习小组，促进劳动教育的推行。劳动教育理论学习小组可灵活选择活动内容以提升理论学习深度，如劳动教育读书会、研讨会、分享会等。除建立全新的理论学习小组外，还可借助现有的党员小组、兴趣社团等开展劳动教育学习活动。在小组设计的过程中，应以理论学习为主，以实践活动为辅，注重大学生积极劳动思想的形成。小组工作方法介入劳动教育，可以适当开展多样化社会调查、社会生产劳动、志愿公益活动、创造发明、专业实习和勤工助学等社会实践活动，以加深小组成员对理论的理解，提升理论与实践的契合度，促进劳动教育的知行合一。

建立劳动教育兴趣小组。可在具有共同劳动兴趣的大学生中建立劳动教育兴趣小组，在相似性中形成彼此的互助与支持，有利于劳动教育的开展。兴趣小组可采用小组讨论、行为训练、心理剧、角色扮演、游戏辅导、辩论、案例分析、报告会、演讲活动、影视欣赏等形式，以激发大学生兴趣，达到纠正其不良劳动态度，帮助其树立正确、科学劳动价值观的目的。社会工作者还可利用社区、街道、各类社会组织、学生社团等资源，开设水暖电器维修、室内装修、手工缝纫、编织、刺绣、书法和烹饪等方面的劳动技能课，增强大学生对劳动课的热爱，让劳动实践向知识化、技能化、艺术化等方面发展提升，给予大学生多方面实践的机会。

建立劳动榜样小组。劳动教育离不开榜样力量的激励，劳动榜样人物是崇高劳动精神的集中体现。劳动榜样小组的设计，应遵循兴趣教育原则、真实性与时代性结合原则和目标性原则。在实施过程中，社会工作者应结合学生的身心特点与兴趣，选取典型作为榜样，以激发高校劳动教育的积极性。榜样的选取与活动设计一定要具有说服力与示范作用。榜样的选取还应以有助于学生劳动价值观的树立、劳动技能的成长作为主要指标，遵循小组工作流程，对其需求进行预估，并制定相应的阶段性工作目标，为案主提供服务并及时跟踪反馈。社会工作者可通过宣讲革命先辈的奋斗历史、当代优秀劳动模范的榜样精神，宣传榜样蕴含的劳动精神与优秀品质。通过建立组内奖励机制，对具有示范引领作用的劳动模范小组予以鼓励，使小组成员感受到劳动的尊严、价值与意义，以达到改变劳动偏见、改善劳动行为、增长劳动知识的教育目的。劳动榜样小组应注重引导小组成员查找自身与榜样人物之间的差异，充分发掘自身潜能，自觉提升自身素养。为充分发挥劳动榜样人物的重要作用，社会工作者可利用劳动模范、劳动案例等资源，分享优秀实习生、创业者的经验，推进组员与榜样之间的沟通交流，促进小组成员的健康成长。

（三）将社区工作方法介入高校劳动教育中

社区工作旨在以社区为对象，运用专业方法提高居民认识，调动居民充分利用社区资源，自主解决社区问题。社区多指具有某种互动关系和共同文化维系能力的人类群体的活动区域。大学校园是社会学所强调的地域生活共同体，具备社区的基本特征。将社区工作方法介入高校劳动教育中，可从以下三方面着手。

发展学生自治组织。社会工作者应借助校园文化，鼓励大学生成为公共参与、升级发展、邻里互助、文化多元、环境友好"五位一体"的美好社区格局的主要建设者。社会工作者可借助学生会、社团等学生自治组织，参与到学生自治过程中，促进大学生关注公共事务。孵化和培育大学生自治组织可通过以下两个渠道：一是培育大学生组织骨干力量，将优秀组织者培育为自治组织的领袖人物，打造具有自治管理的优秀团队，通过团队增强内部成员的凝聚力和向心力，提高大学生对劳动教育的领悟力和认可度，创新教育理念，从而推动教育理念深入人心。二是鼓励学生自治组织开展诸如志愿公益、劳动技能、手工制作、科技创造、职业体验等形式多样、内容丰富的校园活动。开展具有感染力与趣味性的校园性活动，使大学生在集体行为中投入情感，深化对劳动的认知，有利于扩大劳动教育的范围，提高大学生的参与度。

培育校园劳动文化。良好的校园文化是实现高校立德树人根本任务的隐形资源，也是劳动教育的重要载体。校园文化是指以高校学生特有的思想观念、价值取向、思维方式为主导，通过在校园内开展实践活动而形成的特有的精神环境和文化氛围。同社会文化一样，校园文化也是一个复杂的整体，其中蕴含着高校的教育制度、文化特色、校风学风、历史传统等。将校园文化渗透在劳动教育中，既能为校园文化注入劳动模范精神、大国工匠精神、艰苦奋斗精神等精神内容，进一步推动校园文化的内涵式发展，又能营造出劳动无时不在、无处不在的良好校园氛围。良好的校园劳动文化氛围又能重塑大学生的精神风貌，对于落实立德树人根本任务、提升人才培养质量具有重要意义。社会工作者可通过加强与大学生学生会、社团、学校后勤保障部门的沟通联系，有效利用资源，共同开展富有劳动教育意义的实践活动，使大学生在校园文化活动中近距离感受劳动魅力，体悟劳动光荣。具体来说，可以开展诸如手工制作大赛、劳动主题辩论赛、劳动教育知识竞赛、劳动主题征文活动、劳动短片征集活动等。高校应运用现代技术，积极拓展新媒体领域，构建劳动信息传播平台。这些活动的开展，有利于形成崇尚劳动的校园氛围。校园文化活动的开展还应抓住"00后"大学生的特点，充分运用新媒体，实现线上与线下的统一，以增强实效性。例如可利用微信公众号、微博等，定期在平台上发布兼具趣味性、知识性、思想性的劳动知识和校园活动；通过开设"劳模进校园""榜样在身边"等专题活动，采用微图说、微视频、面对面访谈等形式，分享劳动经历、传递劳动价值。只有这样，才能增强劳动教育的时代感、亲切感，让劳动教育"活"起来，让劳动教育"动"起来。

利用社区资源开展劳动教育。劳动教育旨在激发大学生的劳动热情，使其自主参与到学校、社区、社会治理中，增强其持续参与的活力，在社区实践中培育其劳动精神。社会工作者可通过动员和协调社区内外资源，有计划、有步骤地发动、组织大学生积极参与社区劳动教育活动，并以此培养大学生的劳动神圣意识和劳动参与热情。社区实践是大学生的劳动实践的一部分，通过与社区联合，发现社区问题，整合学校资源，开展劳动实践，这对于增强大学生的劳动技能，厚植劳动情怀，养成良好劳动习惯，具有积极的意义。学校应与社区紧密合作，利用学生力量帮助社区开展各类创建活动，在解决社区实际问题中达到劳动教育的目的。还可设置周末社区劳动岗位，鼓励大学生走近居民生活，开展配送快递、维修护理、卫生保洁、环境绿化等便民利民服务活动。大学周边社区可多开设一些大学生服务岗，为大学生志愿服务、参加社区劳动创造机会。大学生志愿服务的过程是从课堂走向社会的过程，是将劳动教育理论应用于劳动实践的过程，这个过程可使大学生学会生存、学会合作、学会创造、学会适应社会，这对于锤炼大学生的精神品质，树立正确、科学的劳动价值观，具有重要意义。

借助社会工作的科学方法开展高校劳动教育，不仅必要，而且可行。社会工作的工作方法为高校劳动教育提供了可行的视角和切入点。社会工作的工作方法介入高校劳动教育，既是对具有中国特色劳动教育模式的积极探索，也是对努力实现社会工作本土化的积极回应。不过，需要指出的是，将社会工作的工作方法运用于大学生的劳动教育不是孤立的，而是整体的、系统的。要提高社会工作方法介入的实效性，三种方法须协调配合，形成合力，发挥整体功效。全面加强新时代大中小学劳动教育是全社会共同的责任，是一个系统工程，需要政府加强统筹，整合家庭、学校、社会各方面力量，拓宽教育途径，共同发力。面对新时代对在校学生加强劳动教育的新要求，社会工作者在劳动教育中大有可为，也将扮演劳动教育指导者、资源链接者等多重角色。高校应结合学校自身的特色和实际，充分发挥社会工作者在劳动教育中的作用，通过社会工作专业方法提高劳动教育的实效性和针对性。

第七节　传统文化与高校劳动教育

中华优秀传统文化是高校劳动教育不可或缺的组成部分，对当下我国高校劳动教育具有重要作用。新时代劳动教育蕴含着的丰富价值目标，即是加强劳动教育，有利于实现强身健体，有利于塑造社会主义核心价值观，有利于促进人的全面发展。劳动人民在历史发展和时间积淀中形成的中华优秀传统文化，是新时代高校劳动教育的重要文化资源。推动中华优秀传统文化融入高校劳动教育，需要探寻两者有效融合的路径。

教育部部长陈宝生在 2019 年全国教育工作会议上的讲话中指出，"全国教育大会把'劳'列入全面发展的素质要求，把实现德智体美劳五育并举作为今后的工作目标，提出要弘扬劳动精神，教育引导学生崇尚和尊重劳动"。此后，劳动教育问题受到了来自社会各方的关注和讨论。如何正确认识新时代视域下高校劳动教育的价值底蕴，如何在大学生中开展有效持续的劳动教育迅速成为学术界关注的焦点问题。中华优秀传统文化是我国劳动人民在长期的生产社会实践中积淀的一种特殊文化形态，蕴含着丰富的劳动教育资源。因此，推动中华优秀传统文化有机融入高校劳动教育，符合时代价值和现实意义。

一、新时代高校劳动教育的意义追寻

（一）劳动教育有利于实现强身健体

劳动在人类进化过程中承担着重要的作用。猿类向人类进化的过程中，以劳动作为载体开始练习直立行走，逐渐将四肢独立出来，四肢的发展带动了整个身体机能的发展，最终发展成为具有独立意识的"人"。而正是通过劳动这一载体，才使得动物和人的界限逐渐清晰。当下，全民健康水平不断下降，亚健康人群越来越多。为了更好地适应高强度快节奏的社会生活，人类必须使得身体的各个器官、各项系统充分活动起来。毛主席说过："身体是革命的本钱。"通过劳动教育使得大学生拥有强健的身体，尤为重要的是实现劳动教育的技能"协同"。这里说的"劳动"不仅是身体上的训练，而且是指身心合一、身体力行、动手操作的活动。通过劳动教育强身健体，充分调动肉体的耐力、毅力和劳累，也增强了心灵的专注、投入、兴奋和需要。大学生以积极能动的态度投入劳动过程，能够有效地发挥创新性，提升个体的精神世界，促进个性自由全面发展。

（二）劳动教育有利于塑造核心价值观

在全国教育大会上，习近平总书记高度重视劳动教育在立德树人中发挥的重要作用。在新时代背景下，大学生是未来社会主义建设的生力军，更是实现"两个一百年"宏伟目标的中坚力量。因此，让广大大学生明白劳动的重要性，是在和谐的劳动关系中推动社会进步、实现中国梦的前提条件。随着时代的发展，社会大力提倡劳模精神和工匠精神的建构，这是从劳动这一维度对个人去践行社会主义核心劳动观提出的历史使命和时代担当。劳动教育是实施素质教育的重要一环，对树德、增智、强体、育美起着重要的作用。高校通过开设劳动教育课程和借助社会实践等方式，帮助大学生树立科学的劳动价值观，并明白劳动教育的深厚内涵和价值，从而能够形成崇尚"劳动光荣"的良好风尚，逐渐帮助大学生树立社会主义劳动核心价值观。

（三）劳动教育有利于促进人的全面发展

人的全面发展是在实践过程中不断地获得身心解放和自由、丰富人的本质的过程。然而，完成人的全面发展离不开劳动这一载体。生产劳动与智育、体育的有机融合，能够不断将无形的力量转化为可量化的生产力，也可以借助这种手段不断地促进人的全面发展。因此，实现个人发展的重要途径离不开劳动教育。现代教育应该把教育融入生产劳动的全过程，提供丰富的教育文化资源，将终身教育的精神熔铸于人的全面发展。习近平总书记提出，在现阶段的社会背景下，要建设一支知识型、技能型、创新型劳动大军，这是我国新型劳动者的历史使命和必然选择。新型的劳动教育，会使个体摆脱原有的狭隘劳动的片面性，提高人的创造能力，促进人的自由全面发展。

二、中华优秀传统文化的劳动教育价值意蕴

新时代背景下，劳动教育绝不是简单意义上劳动技术知识和劳动技能的教育，更重要的是对学生进行科学的劳动观教育，开展丰富的教育活动，从而实现增智、树德、促创新的价值目标。在新时代环境下想要开展有效的劳动教育，就需要从中华优秀传统文化中汲取营养，找寻无法替代的劳动教育资源，整合深邃的劳动精神。

（一）中华优秀传统文化彰显了劳动的哲学价值

人的生产劳动不仅是作为生存发展的外在需要，也是人们调节人与德行的内化方式。我们的祖先在农耕劳动中制造了一系列的劳动工具，从简单粗放的石质工具到精耕细作的农产工具，都体现了中华人民在生产劳动中的智慧之美。农耕时代，单个的劳作方式不足以让人类存活下来。于是，群体的劳作方式成为中华人民的必然选择。他们利用劳作的空余时间，将他们的生产生活经验口耳相授地保存下来，给千万中华儿女留下宝贵的精神财富。早在春秋时期，孔子就提出了勤劳是成仁尽孝的内在德行。孔子的"仁孝"观念中，仁德是成人之根本，勤劳则是成仁成德的内在要求和逻辑前提。从中我们可以看到，孔子认为劳动教育对于养成仁德、勤劳的品质有着独特的作用。中华优秀传统文化处处彰显了劳动的重要性，劳动是修炼内在德行修养的最好方式。这是中华民族在生产实践中总结出来的宝贵经验，更是人们思想观念从束缚走向解放的巨大飞跃。

（二）中华优秀传统文化阐释了劳动的生态智慧

传统的农耕方式遵循自然法则，改善了原有的自然条件，也为物质的循环可持续生产提供了支撑，是一种"天人合一"的生态逻辑。中华祖先利用自然改造世界，不仅体现了辛勤劳动的奋斗精神，但更为重要的是他们顺应天命、艰苦朴素和宽以待人的精神内核。中国古代占据主流地位的哲学观强调"天人感应"，讲究天时、地利、人和的相互作用。这种哲学观作为中国古代宇宙观的核心要素，衍生出很多对于指导农业生产的实际建议。这些指导作用均强调了一种生态和谐之美，随着这种自然和谐之美慢慢升华，人与自然的依赖关系逐渐地转变到人与人、人与社会的关系。

（三）中华优秀传统文化传播了劳动的创新精神

人类从采集食物到农业生产，并不是一蹴而就的，而是需要长期不懈的摸索和尝试的。在人们对客观事物不断认识的过程中，个体的主观能动性和实践创造性也随之大幅

度地提高。当我们惊叹于中华文化博大精深、鬼斧神工的时候，应该清晰地看到，这些都离不开中华民族的辛勤劳动和伟大的创造能力。《齐民要术》是人们对农耕工具、农耕技术的创新性总结；古代的四大发明是中华民族的创新性发明；天文、水利技术都是劳动人民总结生产生活的宝贵经验，体现了劳动人民的创造性。

三、中华优秀传统文化融入高校劳动教育的实践路径

（一）改变观念，提高认识

对中华优秀传统文化的学习，首先要让大学生改变自身原有的错误认识，他们认为中华优秀传统文化不再能够跟得上信息化时代的需要。因此，大力增强大学生中华优秀传统文化的认同感，是提升劳动教育效果的前提条件。大学生对中华优秀传统文化的理解在某种程度上影响着中华优秀传统文化与劳动教育两者相融合的成果。首先，教师可以利用课堂教学这个主阵地，深入挖掘中华优秀传统文化和新时代下大学生的劳动教育两者之间的相关性，结合中华优秀传统文化的核心精髓多形式地对大学生进行劳动教育。其次，可以鼓励大学生阅读具有代表性的书籍，从中吸取劳动文化精华，领悟劳动文化的魅力，使得大学生更深入地了解劳动文化。除此之外，将单一形式的劳动教育活动转化为常态化教育，通过微信、微博、快手等网络媒介，建立交流论坛，在日常生活中就可以感受到劳动文化的学术氛围，增强大学生学习传统文化的兴趣。

（二）亲身体验，融入实践

新时代下，对大学生的劳动教育不应该只停留在课堂上的理论层面，而是应该积极探寻多种大学生所喜闻乐见的内容形式，创新性地开展丰富多彩的高校劳动教育活动。因此，现阶段，高校应将中华优秀传统文化融入劳动教育工作，应当着重突出劳动教育这一主题，致力于把劳动教育深入落实高校大学生社会实践活动的整体规划，而不是将劳动教育浮于表层。积极发掘适用于高校劳动教育的社会资源，一方面将优秀传统文化融入社会实践，实现课堂教学与实践体验相结合。比如可以经常组织同学们积极踊跃参与社区服务，鼓励同学们深入实践，加入寒暑假志愿服务活动。另一方面，高校可以抓住以重大历史节日为契机，努力探寻传统节日积淀的文化因子，并可依托我国的"劳动节"等传统节日，开展多种形式的劳动教育主题活动，使得高校学生能够不断地在实际参与体验中逐渐地将劳动教育的理念内化。

（三）文化资源，走进校园

加强中华传统文化的学习，推进中华优秀传统文化资源走进校园。一要挖掘传统优

秀文化资源的研究，旨在将我国优秀传统文化中的"劳于利己""劳动至上"的思想内核融进实际活动之中，逐步引领大学生对我国优秀传统文化的认知感。二要推进文化传承的实践，要寓学于行，坚持学习实践相结合。在文化资源学习研究中，走向社会，开展丰富的社会实践活动，使得文化资源得到更好的宣传。三要使文化资源承载的劳育品质外化为为民服务的实际活动。可以说中华优秀传统文化资源进校园，是实施劳动教育的核心内容，是提升劳动教育的重要手段。

总之，广大教育工作者要善于深挖中华优秀传统文化中的文化资源，大力研究劳动教育的价值，通过有效的劳动教育活动为新时代的建设培养出合格的劳动者和接班人。在高校劳动教育过程中，要充分挖掘中华优秀传统文化的丰富资源，将中华优秀传统文化和劳动教育活动有效整合，构建校园崇尚劳动的良好风尚。创新劳动教育形式，充分借助中华优秀传统文化的优势，多途径地传播和弘扬优秀的劳动观，这对于开展高校劳动教育是有效的措施。

第五章 新时代高校劳动教育的精神谱系

第一节 弘扬劳模精神

"爱岗敬业、争创一流、艰苦奋斗、勇于创新、淡泊名利、甘于奉献"的劳模精神是对新时代劳动模范这一群体所展现的宝贵精神的总结，是伟大时代精神的生动体现。"劳动模范和先进工作者是坚持中国道路、弘扬中国精神、凝聚中国力量的楷模，他们以高度的主人翁责任感、卓越的劳动创造、忘我的拼搏奉献，为全国各族人民树立了学习的榜样。"习近平在庆祝五一国际劳动节暨表彰全国劳动模范和先进工作者大会上的讲话中肯定了劳模精神的重要地位，强调了劳模精神在新时代的重要价值。那么，在新时代如何理解劳模精神？这一伟大精神在新时代具有怎样的意义？这些劳动模范的成长经历对于新时代劳模的培育具有怎样的经验启示？这是新时代研究劳模精神需要回答的重要的理论与实践问题，对于劳模精神的宣传、弘扬与培育具有重要的时代价值。

一、深刻把握劳模精神的时代内涵

通过研究广大劳模的事迹和经历可以发现，理解劳模精神就是要理解敬业、奉献、创新、奋斗这四个关键词。"爱岗敬业、争创一流、艰苦奋斗、勇于创新、淡泊名利、甘于奉献"的劳模精神中明确体现了敬业、奉献、创新、奋斗的本质特征。感恩、坚持、诚信等都是劳模们的优秀品质，但敬业、奉献、创新、奋斗是劳模们的共同核心特质，是新时代劳模精神最为重要的内涵。

（一）敬业是劳模精神的基础

劳动者成为劳动模范要坚持的第一个原则就是敬业，敬业是普通劳动者成为劳动模范的基本品质。诸葛亮一生兢兢业业，实践了"鞠躬尽瘁，死而后已"的敬业精神。敬业不仅是中华民族的传统美德，同样也是新时代社会主义核心价值观的重要内容。敬业，就是一个人在职业活动领域内具有责任感和使命感，在热爱基础上的全身心投入的精神状态，把工作看成自己的责任和使命。正是因为自觉、强烈的敬业态度，劳模们才以车间为家、以单位为家，才具有积极主动的奉献意识、创新意识、奋斗意识、职业意识，才能把普通平凡的工作做得不平凡。对广大劳动者而言，敬业是一种工作上的普遍要求，但对劳模们而言，敬业并不是一种对工作的严格要求和约束准则，而是已然成为他们的一种自然的工作态度，一种发自内心地对工作的热爱和对劳动的追求。正是在此意义上，敬业是劳模精神的基础。敬业的工作态度使得劳模们对岗位无私奉献、拼搏奋斗、进取创新。敬业是每个劳动者都应具有的品质，而劳模只是将这种品质真正内化于心，外化于行。

（二）奉献是劳模精神的重点

所谓奉献，是指对工作不求回报的爱和全身心地付出。"历史承认那些为共同目标劳动，从而使自己变成更加高尚的人。那些为最大多数人带来幸福的人，经验证明他们是最幸福的人。"劳模们的工作是为人民服务的工作，是为建设社会主义现代化强国而服务的工作。劳模们的无私奉献使得他们为所从事的工作和行业创造更大的收益，实现更大的价值，使中国特色社会主义各项事业蓬勃发展。劳模们的无私奉献同样表现在对他人的关心爱护上，在做好本职工作的同时尽自己所能帮助他人，为有困难的人带去帮助和希望，他们在实现自身幸福的同时不忘为他人带来幸福。为公奉献、为民奉献的劳模将自己的时间和精力都投入工作中，投入帮助他人的行动中，从而为单位做出了更多贡献，为他人提供了更多温暖。对工作的奉献、对他人的奉献是劳模们无私付出的优良品质的见证。

（三）创新是劳模精神的核心

习近平总书记指出，创新是引领发展的第一动力。抓创新就是抓发展，谋创新就是谋未来。广大劳动者都在工作岗位上努力做好自己的工作，而劳模们在普通劳动者中脱颖而出的最核心要素就是创新。社会发展日新月异，若因循守旧、固步自封则必然落后于时代的发展。只有不断创新才能在平凡的工作岗位上做出不平凡的业绩。新的工作方法、新的工作制度、新的工作技术都是创新，不管是什么岗位、什么工作都需要创新，任何一个小创新都会对提高工作效率起到重要的作用。因此，劳模们的突出贡献得益于创新。社会主义制度具有集中力量办大事的优势。每一个劳动者都实现一种创新，为工作做出一点儿贡献，中国特色社会主义各项事业的发展则会实现巨大的进步。完成工作是所有劳动者的任务，但创新工作方法、创新工作制度、创新工作技术是只有少数人才能实现的目标，对提高工作效率、增加工作效益发挥重要的作用，他为他因此而而成为广大劳动者学习的榜样。

（四）奋斗是劳模精神的关键

奋斗是中华民族的传统美德，是中华民族发展史中不可缺少的重要精神力量，也是新时代宝贵的精神财富。美国经济学家克鲁格曼指出："过去中国增长主要来自汗水而不是灵感，来自更努力地工作而不是更聪明地工作。"中华人民共和国成立以来，经济的发展，人民生活水平的提高都离不开劳模们的奋斗身影。正是得益于每一位劳动模范的不懈奋斗，我国才能在"站起来""富起来""强起来"的道路上一步步前进。奋斗就是为了克服困难达成愿望而所做的努力。大多数劳模的人生并不是一帆风顺，其中也经历了挫折、磨难，但他们仍依靠拼搏奋斗的生活姿态努力在自己平凡的工作岗位上做出不平凡的业绩，从而创造了精彩的人生。只有以奋斗的生活姿态面对生活中的磨难才能笑对人生。为了生存发展的需要，劳动者都需要一定的名利或奖励等，这是人的正常需求。但劳模们获得外在的荣誉或奖励完全是靠自己的拼搏奋斗，是靠自己的心血和汗水所取得的，是在道德的范围内、在不损害集体和他人的利益的基础上所取得，是奋斗的结果。

二、劳模精神的时代价值

挖掘劳模精神的时代价值是充分发挥劳动模范榜样作用的前提，劳模精神具有的重要的时代价值是弘扬劳模精神的突破口。弘扬劳模精神的时代价值，有助于在全社会形成学习劳模的良好社会风尚，有助于将劳模精神转化为物质力量，推动中国特色社会主义实践在新时代的新发展。

（一）丰富了新时代民族精神，实现了抽象性与具体性的统一

习近平总书记在重要讲话中指出，中国人民具有伟大创造精神、伟大奋斗精神、伟大团结精神、伟大梦想精神。新时代民族精神蕴含着中华民族深厚的文化底蕴，具有强大的新时代精神力量。劳模是新时代民族精神的现实载体，凝聚劳模优良品质的劳模精神是新时代民族精神的重要内容。劳模具有伟大的创造精神。创新创造是劳模在广大劳动者中脱颖而出的重要原因，是劳模在平凡岗位上做出不平凡业绩的关键因素。劳模具有伟大的奋斗精神。奋斗作为劳模精神的关键，是劳模人生闪光的精神支撑。普通劳动者的成名之路必然离不开奋斗，只有奋斗的人生才称得上精彩的人生。劳模具有伟大的团结精神。人是社会关系的总和，每个人都需要与他人相处，每个人的工作都需要他人的协作，劳模的成功离不开与同事的团结协作。劳模具有伟大的梦想精神。分布于各个平凡岗位的劳动者不甘平庸，具有伟大梦想，才能在理想信念的指引下不断奋斗、不断团结、不断创造，才能在平凡的工作岗位上实现不平凡的人生。劳模是新时代民族精神忠诚的信仰者和坚定的实践者，为广大劳动者提供了实现新时代民族精神的生动典范。

劳模精神是新时代民族精神的重要组成部分，实现了理论的抽象性与现实的具体性的统一，为新时代民族精神的弘扬和传播做出了重要贡献。

（二）展现了社会主义核心价值观的精髓，提供了精神转化的现实样本

劳模精神实现了社会主义核心价值观的具体转化，劳动模范实现了社会主义核心价值观转化为情感认同和行为习惯的现实样本。"富强、民主、文明、和谐"的国家价值，"自由、平等、公正、法治"的社会价值目标，以及"爱国、敬业、诚信、友善"的个人价值目标的实现都必然通过人民的劳动实践。没有对劳动的热爱，没有对中国特色社会主义事业的激情，没有对社会主义现代化国家的追求，社会主义核心价值观就只是一句口号。劳模是广大劳动者中真正将社会主义核心价值观内化于心、外化于行的模范，劳模精神源于生活又融入生活，是社会主义核心价值观的具体转化。新时代，弘扬劳模精神就是弘扬社会主义核心价值观，是将社会主义核心价值观转化为人们的情感认同和行为习惯的重要途径。

（三）成为实现中华民族伟大复兴的精神引领，推动中国特色社会主义事业发展的重要精神力量

中华民族的发展史可以说是中国人民的劳动创造的具有伟大精神的历史。中华民族的伟大复兴不是一蹴而就的，而是需要人民付出辛勤努力，决胜全面建成小康社会、建设社会主义现代化强国都面临着各种挑战。"实现我们的发展目标，不仅要在物质上强大起来，而且要在精神上强大起来。"不惧困难，勇往向前，需要辛勤劳动以及强大的精神支撑，新时代劳模精神则凸显出其独特价值。在新冠肺炎疫情防控期间，广大的医生、护士发挥了伟大的劳模精神，坚守在抗疫一线，为中国战胜疫情做出了不可磨灭的贡献。劳模是存在于身边的，劳模精神是耳濡目染的。劳模精神可以渗透到广大劳动者的工作、学习和生活中，是不可忽视的精神力量。每个劳动者都应以劳模为榜样，以劳模精神为引领，积极投身于社会主义现代化建设，为实现中华民族伟大复兴，为开拓中国特色社会主义事业提供强劲动力。

三、新时代劳模精神的培育路径

劳动模范作为劳动群众的杰出代表，是推动普通劳动者个人发展的标杆，是推动企业发展的动力源泉，是促进社会发展的突出贡献者。新时代是决胜全面建成小康社会的关键时期，是实现中华民族伟大复兴的重要阶段。如何培育更多优秀的劳动者，为中国特色社会主义事业的发展贡献力量，是新时代亟须回答的时代课题。纵观劳模的成长经历，良好家风的浸润，学校和单位的培育以及劳模评选的社会激励是劳模成功的必备条件。

（一）良好家风的浸润

家庭是人生的第一个课堂，家风是一个家庭的精神内核，良好家风具有潜移默化的浸润作用。"我们要重视家庭文明建设，努力使千千万万个家庭成为国家发展、民族进步、社会和谐的重要基点，成为人们梦想起航的地方。"习近平关于家风的重要论述鲜明地体现出良好家风的重要地位。在良好家风的影响下成长起来的劳动者具有家庭教育中所推崇的优良品质，具有工作中所需要的端正态度，具有遇到困难时的强韧品格。良好的家风造就劳模成长之路的行为习惯，是劳模成功之路的重要精神支撑。而不良家风则会影响一个人、一个家庭乃至社会的不良风气的形成，是个人发展、家庭和谐、社会进步的制约因素。因此，培育优良家风是新时代弘扬劳模精神的内在要求。社会要加强对中华优秀传统家风家训以及老一辈革命家的优良家风的宣传与弘扬。家长要自觉学习良好家风，以自身为榜样，培育新时代优良家风。

（二）学校和单位的培育

学校的文化教育和工作单位的技能培训都是劳动者丰富知识、提高技能的教育活动。学校的教育是学生学习基础文化知识，提高思想道德修养的主渠道。在学校教育中，学生可以接受系统的文化知识，可以接触到各种榜样人物的成功事迹的激励，可以培养正确的世界观、价值观、人生观，从而得到思想的启迪、确定人生的榜样并树立远大的理想。学校教育是部分劳动者在学习榜样、坚定理想的道路上成为劳动模范的前提和基础。因此，学校应发挥教育主渠道的重要作用，扣好人生路上的第一粒"扣子"，为青少年以后的成长发展奠定良好的基础。此外，工作单位的支持和培养同样是普通劳动者成为劳动模范不可缺少的因素。事物是联系的，唯物辩证法启示我们任何事物都处于与其他事物的联系之中。人是社会关系中的人，同样，工作任务的完成也需要他人的团结协作。普通劳动者要在工作中有所创新和突破，离不开领导的支持和同事的帮助。而工作单位的技能培训同样是劳动者在工作中有突出表现的一个重要因素。现代社会日新月异，科学技术的发展使得劳动工具以及劳动手段不断更新，劳动者只有不断接受新科技，不断接受工作领域内的新知识，才能有所创新，在平凡的工作岗位上创造不平凡的工作业绩。因此，企业、集团等工作单位应保障劳动者接受教育培训的权利，向劳动者提供工作领域内的技能培训的机会以及创造同事间交流学习的机会，劳动者才能在思想碰撞中迸发出创新创造的火花。

（三）劳模评选的社会激励

劳模评选制度具有个人发展层面的激励与引领功能。作为国家和社会的一分子，劳模自身的行为得到他人的赞赏并具有影响他人的精神力量，在这样的社会环境下，劳模们获得的是满满的幸福感以及责任感。改革开放 40 多年来，中国实现了从富起来到强起来的伟大飞跃。中国特色社会主义各项事业的快速发展，少不了各行各业的劳模背后的付出。清洁工用他们的双手为我们创造干净的环境，工人用他们的劳动为我们建起一座座建筑，科学家用他们的智慧为我们发展科学技术。每一个劳动者都是社会发展、国家建设不可缺少的一分子，正是这份主人翁意识和无私奉献的精神，使他们获得了劳动模范的荣誉。尽管获得荣誉和奖励不是他们的目的，但是这些外部的认可是对他们付出劳动的肯定。荣誉的奖励使劳模们看到自身的付出得到他人的理解，自身的价值得到他人的重视。在获得国家和社会的肯定后，劳模们收获了兴奋、幸福之情，以更高的热情和更负责的态度回馈社会。因此，国家应不断完善劳模评选制度，加强对劳模精神的宣传与弘扬，以此激励劳模做好自身表率作用，引领广大劳动者不断为实现中华民族伟大复兴而努力奋斗。

敬业是劳模精神的基础，奉献是劳模精神的重点，创新是劳模精神的核心，奋斗是劳模精神的关键。深刻把握劳模精神的时代内涵是新时代宣传与弘扬劳模精神的前提和基础。劳模精神具有丰富新时代民族精神、展现社会主义核心价值观精髓以及实现中华民族伟大复兴精神引领的重要价值，是新时代宝贵的精神财富。因此，如何宣传劳模精神，如何促使劳动者践行并养成劳模精神，是新时代需要解决的重大时代课题。纵观劳模的成长经历可以发现：良好家风的浸润、学校和单位的培育以及劳模评选制度的社会激励是劳模精神养成的最主要因素，是社会培育广大普通劳动者的重要途径。但劳模精神在新时代的宣传与弘扬还需要做出更多、更深入的探索，以促使劳模精神在新时代能够真正走入广大劳动者眼中，深入广大劳动者心中，并实现于广大劳动者心中。

第二节　传承工匠精神

作为一种职业价值信念、行为习惯和精神表达的工匠精神，它的具体内涵和特点会随着社会环境的变化而改变。社会主义建设初期，工匠精神在国家加速工业化进程的背景下形成了其特殊内涵。而改革开放以来，伴随国家工业化进程和现代文明的塑造，工匠精神的内涵愈加丰富，在保持传统优秀品质的同时，更加富有现代气息和时代风貌。工匠精神的传承与发展，既积极回应了时代发展潮流，又在改革开放的历史进程中发挥了重要作用。如今，改革开放步入新的阶段，我们要继续挖掘培育工匠精神的时代内涵，为建设制造强国提供有力支撑。

一、时代环境：改革开放的实践要求工匠精神实现传承与发展

工匠精神孕育于我国传统工匠文化之中，是工匠优秀品质的凝结，在国家的建设和发展过程中发挥着重要作用。改革开放40多年来，工业化道路的发展和创新、市场经济的发展和完善、精神文明的建设和提升，都要求工匠精神实现传承与发展。

（一）工业化道路发展创新的必然选择

工业化程度是衡量一个国家综合国力的重要指标，无论是提供百姓日常生活所需，还是打造国之重器，发达的工业都是其不可或缺的前提条件。70年前，刚成立的中华人民共和国在苏联的帮助下开始走上工业化道路。伴随着第一个"五年计划"的实施，中国取得了近代以来工业发展史上的第一个重大成就。随后的20多年里，中国工业有了进一步发展，社会主义现代化建设逐步推进，为改革开放的顺利进行打下了良好基础。但是，当时中国工业化形势仍然十分严峻。一方面，中华人民共和国成立之后近30年的发展是在高度集中的计划经济体制下进行的，发展工业是以其他产业特别是农业的滞后发展为代价的，是依靠农产品价格的"剪刀差"来支撑工业的高投入、高积累、高消耗，经济效益不高，产业结构不合理。另一方面，当时的中国还面临着复杂的国际形势。美苏冷战如火如荼，中国不仅失去了苏联的援助，还要面对西方发达资本主义国家的封锁，在夹缝中求生存、求发展是当时的状况。正是改革开放之初的这种严峻形势，更加激发了中国人民迅速实现工业化的决心，要想在国际竞争中占有一席之地，必须提升我国的工业化水平，特别是作为其支柱的制造业。

经过改革开放以来的实践和发展，中国的工业化水平突飞猛进，工业化建设成绩世界瞩目。但是新的问题也随之而来。在经济全球化深入发展、科学技术日新月异的背景下，以环境和资源的高投入为基础的低端制造业越来越成为国民经济发展的阻碍。为了追赶第三次科技革命的步伐，党的十六大适时提出要走一条新型工业化道路，它高度强调要注重科技含量和经济效益的提升，同时要求工业化生产要在降低资源消耗和环境污染方面下功夫，明确了今后国家工业发展的方向。十八大以来，以习近平同志为核心的党中央提出新发展理念，大力推进供给侧结构性改革，发布《中国制造2025》，这一系列举措既是对当前发展问题的回应，也反映出我国工业发展进入了调结构、求转型、稳增长的"瓶颈期"。新的更高的工业发展标准，要求增强工匠精神的时代内涵。在社会主义现代化进程中，当代工人弘扬工匠精神，必须更加注重其创新性要求。各行各业都要把创新摆在日常工作的重要位置，形成能创新、善创新的时代风尚。由工业大国走向工业强国，由制造大国走向制造强国，这是一个技术创新、匠艺积累、财富汇聚的过程。

（二）市场经济健康发展的强烈诉求

随着改革开放的进行，市场经济发展的程度不断加深，至 1992 年党的十四大召开，建立社会主义市场经济体制成为经济建设的基本方向。随着社会主义市场经济体制建设的推进，中国的经济发展进入快车道。企业家们对市场经济的机遇充满渴望和乐观，"只争朝夕""有水快流"、贪多求快、急于求成等，成为这种背景下最突出的社会心理倾向。他们利用低价格要素的比较优势，不惜代价地发展工业、制造业，迅速扩大了生产能力和市场份额。在国际上，中国越来越多的工业品具有了"势不可当"的市场渗透力和规模扩张力，"中国价格"也越来越具有横扫国际市场的强大冲击力和消费者亲和力，从而极大地冲击着工业竞争的世界格局。社会主义市场经济建设成就斐然，中国正在以更加强有力的竞争姿态站在世界历史的舞台上。

然而，同发达国家相比，中国的市场竞争力仍然不够强大，或者说是不够健康。迄今为止，中国制造业的竞争力仍然主要来自低价格优势，以自主创新为基础的竞争优势明显不足，能够在世界舞台上占据一席之地的中国品牌并不多，等等。这些现实问题对转变经济发展方式、调整市场经济布局提出了新的要求。在社会主义市场经济下，人们竞相追逐经济利益，"金钱至上"成为一些人的行为准则，"拜金主义""享乐主义"在社会上大行其道，对良好社会风气的形成产生负面影响。因此，实现市场经济的健康发展，不仅要继续发扬工匠精神内涵的爱国敬业、练技修心、精益求精的品质，同时还要赋予其新的时代特色和现代内涵，让工匠精神融入现代人的生产生活，从而成为促进市场经济健康发展、改善社会风气的重要动力。

（三）社会主义精神文明建设的时代要求

改革开放以来，社会主义精神文明建设逐渐成为社会发展的一项重要课题。弘扬艰苦创业、开拓创新的精神品质，是社会主义精神文明建设一以贯之的要求，在不同的时期呈现出不同的表现形式。改革开放之初，计划经济给人们带来的思想束缚仍然存在。为了解放人们的思想，邓小平要求全体党员都要坚持共产主义理想信念和道德纪律，要求全体人民尤其是青少年发扬"五种革命精神"，使其"成为中华人民共和国的精神文明的支柱，为世界上一切要求革命、要求进步的人们所向往，也为世界上许多精神空虚、思想苦闷的人们所羡慕"。"五种革命精神"成为中国人民在困境中居安思危、奋勇前进的精神支撑。20 世纪末，社会主义现代化建设仍然处于艰难的创业时期，中国经济发展的转型压力增大，社会环境更加复杂，这就对人们的精神面貌提出了更高要求。江泽民指出，"伟大的创业实践，需要有伟大的创业精神来支持和鼓舞"，要求倡导和发扬"64 字"创业精神，以推进新时期的现代化建设。"64 字创业精神"激励着勤劳的中国人民开拓事业的决心，激励着中国人尤其是青年人不断开辟新的天地。进入 21 世纪以后，中国迎来了发展的重要战略机遇期，更加需要艰苦创业、开拓创新的精神品质，民族精神的培育成为文化建设极为重要的一项战略性任务，其目标在于帮助全体人民在世情党情国情的深刻变化中始终保持昂扬向上的精神状态。

十八大以来，党中央高度重视精神文明建设。习近平同志指出："实现中国梦必须弘扬中国精神。这就是以爱国主义为核心的民族精神和以改革创新为核心的时代精神。"为了巩固改革开放的伟大成就，应对世界范围内的各种文化激荡和科学技术的迅猛发展，战胜前进道路上的困难和挑战，必须实现中国人民精神状态的新的跃升。作为一种具有时代性的精神，工匠精神内在地蕴含着爱国主义和改革创新的精神要求。因此，在改革开放时期，实现工匠精神的创新发展，是社会主义精神文明建设不断推进的时代要求。让工匠精神融入精神文明建设过程中，激励中国人民继续为社会主义现代化建设而奋斗，是工匠精神实现传承与发展的重要目标。

二、三重特性：改革开放的实践对工匠精神的丰富和创新

工匠精神自古以来就存在于人类社会之中，就时间角度来说，不同的时代工匠精神具有不同的内涵。传统的工匠精神，指的是手工业者专注于本行业，力求造就精湛手工艺品的精神；现代意义上的工匠精神，则体现了工艺与价值的双重塑造。在改革开放的伟大实践中，工匠精神的开拓性、包容性和创新性都得到了进一步增强和升华。

（一）改革的实践增强了工匠精神的开拓性

改革开放以前，尽管中华人民共和国已经积累了一定的财富，建立了一个独立完整的工业体系和国民经济体系。但是总体上来说，生产力发展仍然缓慢，科技教育水平落后，人民的温饱问题得不到有效解决。在计划经济体制的影响下，无论是国家层面的体制、政策，还是人民的思想、行为，都亟待变革。1978 年十一届三中全会的召开，翻开了中国改革开放的新篇章，这是一场"前无古人"的事业，没有任何案例和经验可供参考。正是在这样的基础上，中国共产党带领人民披荆斩棘，从"没有路"的荒原开辟出了一条走向美好生活的康庄大道，逐渐探索出了一条中国特色社会主义道路，并确立起与之相适应的一整套制度、思想体系，这是一项具有开拓性的成果。

随着社会主义市场经济体制逐步确立并不断完善，政治体制改革深入进行，政府大力倡导民主和法治，积极推动人民的思想实现解放，促使国家的发展面貌和人民的思想状况都发生了翻天覆地的变化，"改革"也成了中国社会发展前进的关键词。而现实社会的改革实践，必然会反映到社会意识层面。工匠精神作为社会意识层面的内容之一，

其形成和发展必然会受到社会现实的影响，40多年来的改革实践就为其增添了开拓性。比如，一批企业践行工匠精神，开拓性地确立了民族品牌的世界地位。改革开放以前，在计划经济体制的影响下，民营企业几乎没有生存空间；而改革开放以后，伴随经济体制的改革，市场经济蓬勃发展，涌现出了一批极富开拓精神的民营企业，在许多重要行业和关键领域铸就了"中国制造"的世界名牌。"华为"就是其中的杰出代表。"华为"从最初一家小小的通信设备企业，经过30多年的发展，成为中国民营企业的龙头和世界知名的大品牌。它在许多关键领域已经处于世界领先水平，尤其是在2018年2月完成了5G技术开发和应用，实现了多个"世界第一"。以"华为"为代表的众多优秀企业，在继承工匠的优秀品质的同时，勇于改革，敢于开拓，为改革开放的伟大事业不断添砖加瓦。工匠精神的开拓性内涵随着改革开放的深入进行不断得到丰富和发展。

（二）开放的态度升华了工匠精神的包容性

世界发展的历史告诉我们，一个国家、一个民族要实现自身的发展，必须以开放的姿态和胸怀面向世界，而眼光狭隘、闭关自守的结果只能是落后挨打。实践证明，经济的发展离不开对外开放，而技术的进步同样需要互动交流。传承发展是工匠精神的题中应有之义，因此，工匠精神本身具有包容性的特质。但是，工匠精神诞生于传统的小作坊式的生产状态，相对来说较为封闭，由于中国传统社会根深蒂固的"家传"观念，使得这种包容性并不突出。工匠精神的包容性在改革开放的伟大实践中得以发展和升华。

中华人民共和国成立以后，中国一度与苏联、东欧有着良好的政治关系和经济合作，但由于60年代经济和政治上的失误，中国在全球经济合作日益密切之时，失去了与世界经济建立联系的最佳时机。改革开放后，党和国家领导人逐步认识到，要发展经济，必须坚持对外开放。邓小平指出，"对外开放具有重要意义，任何一个国家发展，孤立起来，闭关自守是不可能的，不加强国际交往，不引进发达国家的先进经验、先进科学技术和资金，是不可能的。"此后，国家多次派出考察团赴国外考察，前往德国、美国、日本等在科学技术上排在世界前列的国家进行学习访问。出国考察和访问不仅开阔了决策者的眼界，同时也使科技工作者和技术人员意识到学习西方先进发展经验和技术的重要性。改革开放40多年来，中国对外开放的力度不断增大，设立经济开放区、沿海开放城市，制定外商投资的相关政策和法律法规，鼓励中外合作办厂，积极引进西方资金、设备和手段等。在对外开放的背景下，工匠精神的包容性也有了更深刻和更广泛的内涵。从纵向来说，改革开放时期的工匠精神继承了传统工匠精神的核心要义；从横向来说，工匠精神更加具有国际视野和开放的胸怀。对外开放的不断扩大，让工匠精神的国际视野尤为突出。随着中国大门的敞开，国人开始把眼光投向世界。钻研技术的工人看到了中国与世界的差距，看到中国的制造业和工艺技术与世界发达国家之间的巨大差距，越来越注重对国外生产技术的学习和钻研，奔赴世界各地进行学习成为潮流。工匠精神不是闭门造车，而是在不断的交流和学习过程中，吸收好的技术和经验，融会贯通，实现超越。因此，工匠精神的包容性特点在对外开放的实践过程中得到升华。

（三）科技的发展提升了工匠精神的创新性

自古以来，工匠精神就蕴含着创新的内涵。《考工记》有这样一段记载："知者创物，巧者述之守之，世谓之工。"将"创物"者称为"知者"，将"述之守之"者称为"巧者"，从这里可以看出古人早已对工匠进行了区分，只有那些懂得创造的才能称为"知者"。中国古代"四大发明"享誉海外，正是具有卓越创新精神的工匠钻研的成果。但是，步入近代之后，由于实行闭关锁国政策，中国没有跟上世界发展的步伐，错过两次工业革命的浪潮，在技术上逐渐落后了。中华人民共和国成立后，在众多科技工作者的努力下，我国有了许多创新性成就，诸如氢弹、导弹、人造地球卫星等国防科技成果，打破了西方国家的技术封锁。但是，就整个社会发展层面来说，创新性仍然不足。

在改革开放的实践中，中国科学技术水平有了质的飞跃。科技的发展使我们重视并放大了工匠精神的创新特质，同时又对创新提出了更高的要求。40多年来，在广大科技工作者和劳动人民的努力下，中国的工业制造和科学技术在许多领域都实现了创新性发展，载人航天、互联网大数据、生物科技等，实现了从无到有、从有到优的根本性转变。坚持创新发展，是改革开放实践得出的正确结论，是在21世纪站稳脚跟的必由之路。这一实践性结论使得工匠不仅要"造物"，还要"创物"的观念逐渐深入人心。当前，经济发展新常态给中国带来了新的发展机遇，成为实现中国经济转型升级的重要契机。供给侧结构性改革，大众创业、万众创新，五大发展理念，创新驱动发展战略等，这些新政策、新理念，无不瞄准着创新这个时代航标。技术创新需要人才，只有一大批技能型人才，才能支撑起中国创新战略的发展。党的十九大报告指出，要"建设知识型、技能型、创新型劳动者大军，弘扬劳模精神和工匠精神，营造劳动光荣的社会风尚和精益求精的敬业风气"。懂技能、善创新的劳动者队伍是建设创新型国家的基础。科学技术日新月异，要赶上时代步伐和世界潮流，必须把创新这一特性放在重要位置，各行各业的劳动者都要用精益求精的态度追求革新、创造。

改革开放已经步入"不惑之年"，改革开放新阶段的工匠精神又增添了许多新的时代气息。全面建成小康社会，实现社会主义现代化，打造人类命运共同体等，这些发展目标又进一步丰富了工匠精神的内容和特点。新时代围绕实现中国制造2025，"互联网+"，大众创业、万众创新，必须大力弘扬工匠精神，既要以精益求精的态度练好基本功，又要以追求卓越的心态提质增效，从而为攻克世界核心技术和先进工艺设备，提升智能制造、绿色制造水平提供有力支撑。

三、价值依归：工匠精神在改革开放实践中的重要作用

改革开放以来，从新时期到跨入新世纪，从站上新起点到进入新时代，中国共产党带领勤劳勇敢的中国人民走过了一段波澜壮阔的奋斗历程，绘就了一幅气势恢宏的历史画卷，谱写了一曲美妙的时代赞歌。40 多年的砥砺奋进折射出中华儿女执着专注、立志前进、突破革新的品质，40 多年的伟大成就闪耀着工匠精神的光芒。"工匠精神"的弘扬和培育，在改革开放中发挥着独特的作用，不仅是铸就制造大国的重要砝码，涵育社会核心价值的关键，还是推动改革开放再出发的强大动力。

（一）铸就制造大国，打造制造强国的目标

工业文明的发展史告诉我们，强大的制造业是一个国家立足世界的重要基础。改革开放初期，中国的工业基础十分薄弱，生产力水平低下，产业配套、技术水平和管理水平都与西方国家有很大差距。此后经过 30 多年的发展，至 2010 年，我国跃升为世界第一制造大国。截至 2018 年，我国制造业增加值在全球占比基本稳定在 26% 以上，在500 余种主要工业产品中，有 200 多种产量位居世界第一。改革开放 40 多年来，伴随着经济的高速增长，我国制造业持续快速发展，建成了门类齐全、独立完整的产业体系，大大推动了工业化和现代化发展进程，促使综合国力得到显著增强，为中国成为世界大国奠定了有利基础。中国用仅仅 40 余年的时间就走完了发达国家曾经走过的 100 多年的历程，这是一个世界奇迹。

这一世界奇迹的背后，除了中国作为一个人口大国、资源大国所具有的天然优势以外，更为关键的是凝聚在奇迹之中的精神力量。40 多年来，十几亿中国人为着创造美好的生活，为着实现中华民族的复兴，埋头苦干、革故鼎新、披荆斩棘、敢闯敢干，共同铸就了改革开放的伟大成就。而这些精神标志无不显示着"工匠精神"的内在意蕴。在过去的历程中，我国的劳动者发扬工匠精神，为社会积累了巨额财富，为制造业的发展贡献了磅礴力量。近年来，引发众多关注的中美贸易战更让我们认识到，科技创新是国家发展强大的硬道理，国家要发展必须掌握世界核心科技。如今，各国都格外注重信息化、科技化、智能化，新一轮科技竞争和产业革命蓬勃开展。尽管我国制造业结构不断调整升级、创新能力不断提升、企业竞争实力显著提升，但是仍存在自主创新能力弱、资源利用效率低、产业结构水平不完善、信息化程度低、产品质量不高等问题。李克强总理指出，未来要打造更多享誉世界的"中国品牌"，推动中国经济发展进入质量时代，

必须在全社会范围内厚植工匠文化，弘扬"工匠精神"。新时代，要实现中国制造精细化发展、打造质量强国，就需要劳动者把工匠精神作为社会生产的内在支撑，以工匠精神的要求为准绳塑造制造强国。

（二）涵育社会核心价值，促进人的自由全面发展

改革开放以来，一些人心浮气躁，盲目追求"短、平、快"带来的经济利益，使得蕴含精雕细琢、追求品质的工匠精神不被重视。但是，"工匠精神"作为一种内在追求，早已融入改革开放的发展历程之中，蕴含于中国人民的奋斗之中，成为一种珍贵的国民品格。这对社会核心价值的塑造、人的自由全面发展具有重要意义。

社会核心价值的塑造，是任何时代、任何国家都永不褪色的话题。"工匠精神"的传承和发展，对改革开放时期社会核心价值的塑造发挥了重要作用。一方面，"工匠精神"吸收了中华民族传统美德，将其以新的时代形式呈现出来。"工匠精神"是个新词，但它的内涵和精神实质却是蕴含于中华民族传统美德之中，绵延于中华几千年文明之内。另一方面，"工匠精神"契合了社会主义核心价值观的要求，与弘扬社会主义核心价值观是完全一致的。改革开放以来，随着社会主义市场经济的繁荣，社会核心价值的塑造成为重大命题。党的十八大凝练了社会主义核心价值观，在国家层面倡导"富强、民主、文明、和谐"，在社会层面倡导"自由、平等、公正、法治"，在个人层面倡导"爱国、敬业、诚信、友善"。"工匠精神"倡导敬业乐业、精益求精、爱国奉献，与社会主义核心价值观的要求是完全一致的。弘扬工匠精神，就有利于继承和弘扬传统美德，有利于把社会主义核心价值观的要求落细、落小、落实，与人民群众最密切的生产生活结合起来，到润物细无声。

促进人的自由全面发展与涵育社会核心价值是同向同行的。社会核心价值的塑造，是对每一个社会成员的普遍要求，而树立正确的价值观，又是社会成员实现自由全面发展的必备条件。在生产生活中，劳动者本着"工匠理念"，认真打磨技艺，精益求精，爱岗敬业，从而提升了素质，实现了自我的主体价值。习近平总书记指出："一切劳动者，只要肯学肯干肯钻研，练就一身真本领，掌握一手好技术，就能立足岗位成长成才，就都能在劳动中发现广阔的天地，在劳动中体现价值、展现风采、感受快乐。"有本领、有技术、有精神，就能在劳动的过程中更好地实现自身的价值。因此，弘扬和养成工匠精神的过程，也是实现人自由全面发展的过程。

（三）厚植改革斗志，助力改革开放再出发

在中国共产党的带领下，中国人民已经走过了40多年的改革开放历程。40多年来，中国人民逢山开路，遇水架桥，克服各种困难和挑战，创造了伟大的成就。中国从一个

人口多、底子薄的经济弱国，一跃成为世界第二大经济体、第一制造业大国。但是，秉持工匠精神的中国人民并不满足于现状，追求进步是我们一贯的坚持。工匠精神的核心是精益求精，这一精神实质促使我们认识到改革开放虽然已经走过艰难险阻40多年，但是其任务还没有完成，仍然要继续向前推进。

改革开放不是一劳永逸，我们不能停留于已经取得的成就，而要以追求进步的心态继续推进改革开放，不断进步是中华民族一贯的追求。当前，经济全球化、信息科技化、人工智能化蓬勃兴起的背景，给经济、政治、文化、社会等各方面发展都提出了新的要求。要全面建成小康社会，进而建成富强民主文明和谐美丽的社会主义现代化国家，实现中华民族伟大复兴的中国梦，我们必须站在新的历史起点上全面深化改革。当今世界，变革创新的潮流滚滚向前，"苟利于民，不必法古；苟周于事，不必循俗"，变革创新是推动人类社会向前发展的动力，不变革、不创新注定会落后于时代的潮流。中国已经错失第一次和第二次工业革命的机遇，绝不能再错失第三次科技革命的良机。党的十九届四中全会审议通过了《中共中央关于坚持和完善中国特色社会主义制度推进国家治理体系和治理能力现代化若干重大问题的决定》（以下简称《决定》），《决定》指出，"当今世界正经历百年未有之大变局，我国正处于实现中华民族伟大复兴的关键时期"。适应这一"大变局"，《决定》对我国经济、政治、文化、社会、生态等各方面制度和体制改革提出了新要求和新举措。当前，我们不仅面临着产业转型升级、结构调整增长、科技创新争先的挑战，还要应对推进政治体制改革、保持社会秩序稳定带来的难题。我们要继续弘扬"工匠精神"，以精益求精、务实进取的态度落实好各项发展和改革任务，把改革开放推向新的高度。

我国改革开放40多年来的历程，伴随着工业化道路的发展和创新、市场经济的发展和完善、精神文明的建设和提升，工匠精神实现了自身的创新与发展，开拓性、包容性和创新性都得到了进一步增强和升华；工匠精神在改革开放的过程中发挥了重要的作用，成为一种缔造伟大事业和伟大传奇的精神力量。

2016年，"工匠精神"首次出现在政府工作报告中。在"互联网+""创新创业"成为中国年轻一代眼中热词的今天，具有传统气质的"工匠"受到了强烈欢迎。产生这一现象的根本原因在于中国的经济发展环境和社会条件发生了变化。

当前的中国，在经济、政治、文化、社会各个方面都实现了快速崛起，但也面临着前所未有的困难和挑战。经济发展质量的提高、政治体制的变革、尖端科技的发展、人民生活水平的进一步提升，构成了社会主义现代化国家的现实要素。这一切的实现，都离不开各行各业的"工匠"发挥聪明才智。"工匠们"用创新性的思维和技术方法，创造出富有时代意蕴"高精尖"产品，不断满足国家发展的战略性需求，也不断满足人民日益多样化、高层次的生活需要。

随着改革开放进入新阶段，中国的经济发展进入来了新常态，要绘就一幅小康社会的美好画卷，离不开工匠精神的彰显和弘扬。习近平总书记在徐州市考察时指出我国当前发展的新局势，激励广大企业职工要增强新时代工人阶级的自豪感和使命感，爱岗敬业、拼搏奉献，大力弘扬劳模精神和工匠精神，在为实现中国梦的奋斗中争取人人出彩。今天我们弘扬"工匠精神"，倡导的就是一种敢于开拓、勇于创新、开放包容的精神。新时代的劳动者，要努力向工匠精神看齐，不断地修炼内在品质，提升精神境界，掌握更多关键领域的关键技术，锻造出更尖端的时代精品。我们还要创造各种物质条件，努力在各行各业中培养一大批工匠，尤其是要注重培养年轻一代的工匠品质。青年工匠精神的成功塑造，将使我们的社会充满活力，也必然会为改革开放的新征程提供源源不断的动力。

第三节　弘扬科学精神

一、科学精神的含义

科学的承载者就是科学精神，科学精神也是科学存在的基础。涉及自然本身与其规律的知识体系、认知活动以及社会构架是构成科学的基本元素。以此为基础，进一步升华就产生了科学方法、思想与精神。

首先，根据科学认知而产生的理论成果就是所谓科学知识。它是一个构架严密的知识系统，容纳了数量众多的科学概念、定律等。科学知识是一种知识体系，也是一种学说传统，历史源远流长，内容内涵丰富，一个动态变化的过程，会随着社会的变迁而与时俱进。科学知识作为公共知识的核心是从近代逐步开始的，其作为常识标准的一种，称得上行动的认知基础与判定行为合理性的准则，可以判断某一行为是否恰当。人类既需要对自身生存与繁殖的本能进行满足，也需要认知与理解自身及自身所处环境。以客观角度对人类求知需求进行满足的知识体系就是所谓科学知识。解释、预见与转化为应用技术这三项功能是对科学知识价值的直接展现，通过对科学知识的学习，人类可以正确理解世界与人类本身。以对科学知识的掌握为基础，可以利用科学的方法对未知现象进行预知与发现，加强实践的主动性。转化为应用技术是科学知识最为重要的一种价值，推动人类改造世界的主要力量。总而言之，由于科学技术的与时俱进，使得它在我们这一时代已经成为不可或缺的知识体系。这一时代人的常识观念就是以科学知识为基础构建的。例如：即便大多数人类并未亲眼看见细菌与病毒，然而根据科学知识构建起的常识体系可知其是很多病症出现的罪魁祸首。因此，科学始终是人类战胜大灾大疫的有力武器。只有通过科学研究摸清病毒传播途径，才能更有效地开展群防群控；借助实验找到有效药物，才能给公众送上"定心丸"。而科学家们正是坚持用科学精神指导病毒研究，按科学规律不断突破难题，才能最终找到打赢疫情防控阻击战的武器。

其次，人类在进行科学研究时所采用的方法与途径的总和被称为科学方法，其又名为科学研究方法。站在广义角度，所谓科学方法就是科学的方法，是与非科学的方法相对而言的，以科学为基础而产生活动方法在人类所有活动领域中都可以被称为正确。所以人类是通过科学方法探寻世界真理、探索知识奥秘。作为认识主体的主观方式，科学方法并不是主观臆测而产生的，其来源于人类通过实践认知世界的过程。人类在对客观世界进行认知的时候，必定会自觉或不自觉地对自身行为模式或思想体系进行考量，通过特定模式联系客观世界。人类经过多次思考与实践，发现有一部分行为模式与思想体系具有合理性与有效性。知识的客观性、真理性、权威性与纯洁性都建立在科学方法的基础上。塑造公民的科学精神必须在公民中推行科学方法，从而提升全民族的科学素养。自 20 世纪中叶以来，现代科学发展趋向综合化与整体化，其原因在于一般科学方法，尤其是横向科学方法在所有科学部门的深入推广，及自然和社会科学在方法、理论、概念上都存在融合与借鉴的迹象。所以，现代科学研究建立在科学方法的基础上，科学研究成果的大小与科学研究本身的成败是由科学方法决定的，科学研究的突破也源自科学方法的变革与广泛的推广。在日常生活与工作中，掌握和利用科学方法是十分重要的，合理地使用正确的科学方法会对人类生活和工作带来极大便利。在学习的时候，使用科学的方法既可以提升人类处理各种问题的速度，还可以提升人类鉴别真伪的能力，从而帮助人类认清各种事物的本质。最后，以科学知识为基础而产生的影响人类世界观的科学观念就是所谓科学思想。简而言之，在开展科学活动时所产生与使用的思想观念，就是科学活动存在的意义。科学思想既可以在潜移默化中指导科学研究的方向，还可以对人类的世界观产生极大影响。科学事实、定律等并不是科学思想，它是归纳总结各学科知识概念后产生的对自然与人类社会的基本看法，所以科学思想带有历史特点。科学实践是科学思想的来源，但科学思想也可以指导科学实践，所以其不仅是对科学活动的总结，还是对科学活动的指引。

综上所述，假如将科学知识视作人类最重要的瑰宝，那么也需要有一双巧手对其进行雕琢才能展现其魅力，而这一双巧手就是科学思想，而雕琢的技术就是科学方法，雕琢后的精品则就是科学本身。科学知识、思想与方法所包含的每一个环节与层面都是对科学精神的一种具体展现。科学的灵魂与科学活动的理想原则就来源于科学精神，其还可以对科学与非科学进行鉴别。科学精神还保证了科学知识、科学思想与科学方法具有真实性、有效性与客观性。科学知识、思想与方法也共同构成了科学精神，唯有掌握科学知识、思想与方法才可以深入感悟科学精神。只有具备丰富的科学常识，才可以确保人类具有理性，只有体会到正确的科学思想，才可以确保人类能够掌握科学的合理性与深刻性，只有学会合理地使用科学方法，才可以确保人类在分析现实问题时具备合理性与真实性。

二、科学精神的内容

核心层与外围层是科学精神要素的两个层面。科学精神的中心内容就是所谓核心层，科学精神的外在表现则是所谓外围层。科学精神的中心就是求真务实和开拓创新，科学精神的本质就来源于此。就本质而言，所谓科学精神就是不论时间与地点，站在客观的角度，探索新的规律，并进一步掌握与利用它，通过新方法、视角与思想，持续研究世界本质。唯有明确科学精神的中心所在，才可以确保人类掌握科学精神的本质。科学精神的本质既是保证科学生存、推动科学发展的根本动力，也是对科学活动各个侧面的一种具体体现，这就表示科学精神的本质可以具体演化出更多内容要素，由此就产生了外围层，如理性精神、实证精神等，都属于科学精神本质的外在展现，目前，世界上还未针对科学精神的外在表现形成系统的理论。

通过上文可知，人类目前普遍认可的科学精神就是求真务实与开拓创新，所以本节中所指科学精神的内容指的就是求真务实与开拓创新。

首先，科学的主要目的就是发现与探索世界真理，这就是求真务实的精神，具体而言就坚持科学认知的对象是"实事"这一理念，将科学实践作为"求实"的唯一途径，去检验真理真伪。近代以来的科学发展向人类证明了一个真理，即客观是世界的基本属性，真理就在这一属性中隐藏，也就是说通过客观事实可以发现并探索真理。求真务实精神也就在于此。其次，创新是科学的根本，必须持续探索与研究真理，这就是所谓开拓创新精神。我们处于一个科学爆炸式发展的时代，持续地对客观世界进行探索，使各种新的科学技术、理论思想不断出现，科学本质力量在精神层面的具体体现就是开拓创新。探索新现象、揭示新规律、概括新概念、总结新理论是科学存在的使命。

三、科学精神的特征

意识的一般性特征是科学精神具备的特征之一。强制性灌输是无法增强科学精神的，只有掌握并遵循科学精神的特征才能强化科学精神。

首先，非物质性是科学精神的特征之一。人类生存与发展的精神动力之一就是科学精神，人类以整体的形式在科学活动中展现的非物质东西就是科学精神的非物质性。人类在进行科学认知与实践活动时所产生的一整套价值观念体系就是所谓科学精神，这一体系产生之后，就可以引导人类开展科学活动与其他相关活动。除此之外，它作为人类宝贵的精神财富，体现了科学事业存在的内在意义，具有传承属性。科学精神在人类的日常生产生活与科学研究中是无法被立刻察觉到的，与可以直观展现的科学知识不同，科学精神是掌握科学知识的前提，科学精神是一种精神层面的存在，属于更高层级，也是科学活动内在的精神要素。这就表明如果以金字塔结构对科学进行划分，那么科学精神毫无疑问属于最上层，科学文化也是以此为基础形成的，人类在日常生产生活中会自觉或不自觉展现自身所拥有的科学精神。

其次，相对稳定性也是科学精神的特征之一。科学与时代的发展会导致科学精神产生一定变化，但是这一变化在日常生活中我们是难以察觉的，是十分缓慢的，这就使得科学精神具备一定的稳定性。由于科学精神是以科学为载体的，科学作为阐释世界真理的一种知识体系具有系统性，也与社会、政治、文化等方面具有紧密联系，是一种持续探索世界真理的社会活动。鉴于当前社会受到科学的影响越来越大，这就使得科学由此分化出更多特征与功能，进一步扩展与丰富了科学精神的内容，例如除了科学精神初始就具备的求实与理性精神之外，又增添了创新精神等。然而不论科学精神如何扩展，其内容基本都具备普遍性，所以相对稳定性就成为科学精神特征之一。

最后，积极性也是科学精神的特征之一。即便科学精神对人性中存在美好事物进行了集中的汇总、升华与创造，使得每人都能够学习它们，但其和科学知识、方法的学习都存在一定差异，学习科学精神并非依靠智力与技巧。这就使得想要单纯地通过记忆与模仿来掌握科学精神是不可能的，如果想要掌握科学精神，就必须以积极主动的心态，去体悟科学精神才有可能做到。这就表明科学精神的培养是需要很长时间，在潜移默化中进行的，唯有在漫长时光中全身心地投入对科学精神的领悟之中，才可以逐步掌握科学精神的精髓。

四、科学精神的培养原则

坚持理论联系实际的原则。想要实现科学精神的有效培养，需要重视理论联系实际原则的应用。实践才是检验真理的唯一标准，空口大话，纸上谈兵往往不能达到最终的目的，因此，需要把理论和实践相结合，用实践对理论的有效性和可行性进行检验和评估，才能了解理论的真实作用。在研究过程中，需要借助不同类型的社会实践活动、实际行为，对社会主义中国的优势和特色进行反映，明确中国特色社会主义的发展目标和建设意义，进一步提升人们对世界的认知能力，树立正确的世界观、人生观和价值观。

坚持实施全面素质教育的原则。全面素质教育的践行，具有重要的实践意义，从某个角度来说，想要实现民族的复兴并非易事，不是一蹴而就的简单操作，是一个漫长的发展过程中，需要政府和人民齐心协力，相互帮助，相互扶持，培养更多的优秀人才，为国家的发展和壮大提供有力的保障。怀特海曾多次强调："在当前的社会背景下，纯粹的技术教育并不存在，纯粹的人文教育也不存在，只有实现两者的结合，才能发挥教育的整体效果，任何一种教育模式，都是不可或缺的重要组成部分。"麻省理工学院的办学宗旨中就强调："人文、社会以及相关的管理科学实践过程中，应与工程技术相结合，才能发挥其真实作用，逐渐形成综合的新兴观念和前所未有的思想。"中国科普研究所的前任所长袁正光教授明确表示："作为当代青少年，在学习的过程中，除了学习课本知识之外，还须重视自身科学素质、文化素质以及发展素质的培养，缺一不可。教育事业的发展和实践，应重视文理的有效结合，关注综合素质教育的重要性，对自然科学、文化发展以及人文主义等科学之间的关系进行明确，重视相互之间的协调和配合，提升教育的质量和效率。""相对于理科来说，选择文科的个体更容易培养相关的科学精神，也是当领导干部、公务员等普遍公民培养科学精神的重点人群，在全民科学素质培养事业中扮演了重要的角色，是不可或缺的中流砥柱，起到了婉转承接的枢纽功能。"在上述背景下，每个人都应在不断地学习和生活过程中，存储科学知识，累积成功的经验，积极培养科学精神，端正态度，实现自身综合素质和能力的提升。素质教育相关政策的实施，可以帮助我们深刻体会科学精神的内涵，实现综合、全方位的和谐发展。

第四节　崇尚企业家精神

企业家精神是驱动经济发展的基本力量，能够推动企业在经济社会中发挥重大作用。

实践经验表明，企业家精神是推动企业发展，进而驱动国家经济增长的重要动力。基于此，本节在探讨传统企业家和国有企业家概念的基础上，结合时代发展背景，系统梳理了国内外企业家精神内涵，最终总结出新时代企业家精神的七个内涵，包括经典内涵中的创新精神、创业精神、学习精神以及时代内涵中的工匠精神、诚信精神、合作精神和责任担当精神。

2017年4月18日，习近平总书记在中央全面深化改革领导小组第三十四次会议中强调："企业家是经济活动的重要主体，要深度挖掘优秀企业家精神特质和典型案例，弘扬企业家精神，发挥企业家示范作用，造就优秀企业家队伍。"中国共产党第十九次全国代表大会报告明确提出："激发和保护企业家精神，鼓励更多社会主体投身创新创业。"2018年1月22日，习近平总书记在致信全国个体劳动者第五次代表大会上提出："弘扬企业家精神发挥企业家作用，坚守实体经济落实高质量发展。"总书记近年来一系列的讲话和中央发布的文件反复强调企业家精神的重要性，这表明在改革开放和中国特色社会主义事业进入新时代之际，党对企业家精神在中国特色社会主义建设中的贡献有了更高的期许。

一、企业家及企业家精神概述

最初学术研究和实践中提到的企业家一般指民营企业家，近年来随着国有企业改革的不断推进，国内许多学者基于国有企业开拓市场、设计新产品、开发新技术、进行组织制度变革等，提出了企业家和企业家精神的概念。2017年9月25日，国务院正式颁布《关于营造企业家健康成长环境弘扬优秀企业家精神更好发挥企业家作用的意见》（后文简称为《意见》），首次提出了"国有企业家"的概念，强调了国有企业家的重要地位，将国有企业家列入我国企业家队伍中。

对国有企业是否存在企业家精神问题的探讨应同时立足理论和实践，国有企业家确实在某些方面区别于传统理论界定的企业家，他们作为一类特殊的企业家群体，承担着国有企业与生俱来的政治使命，但他们又与普通企业家一样需要参与残酷的市场竞争、领导企业进行创新和变革。因此，只有国企高管具有创新创业精神、长期坚守企业、全心全意为企业服务，才能成为优秀的企业家，才能激发企业家精神。虽然国有企业的企业家精神和民营企业的企业家精神对某些具体内涵的强调程度可能有所不同，但相关研究在企业家精神维度划分过程中并未对二者进行区分。基于此，本节将企业家精神看作一个统一概念，系统整理了国内外学者和企业家对企业家精神内涵的相关论述。

二、企业家精神内涵

目前，一些专家学者已经认识到企业家精神在推进供给侧结构性改革、激发市场活力、建设创新型国家、促进经济增长和实现经济可持续发展等方面具有重要意义。

（一）国外研究

国内外许多学者对企业家精神的内涵进行了研究和探讨。其中，Hebert&Link 将国外早期文献中对企业家精神的论述归纳为三个学派：一是德国学派，认为企业家精神的核心要素是开拓和创造新事物的精神；二是芝加哥学派，认为企业家精神的核心是在不确定的环境中敢于承担风险；三是奥地利学派，提出对市场机会敏锐的感知能力是企业家精神最重要的要素。此外，现代管理之父 Drucker 提出，企业家精神与创新密切相关，企业家在创新过程中创造新服务、新产品以及获得新能力。

（二）国内研究

国内对企业家精神的研究晚于西方，但是随着时代环境的动态演进，企业家精神不断被赋予新的细分含义。总体来讲，具有比较丰富的内涵。林左鸣基于中国传统文化提出企业家精神的内涵包括开拓创新、诚信守约、敬业奉献等七种精神特质。在经济环境和时代的发展过程中，有些内涵相对稳定，始终适用，如冒险精神、创新精神、学习精神和创业精神。除了以上四种内涵，其他内涵则在中国情境下随着时代发展逐渐出现。

2016 年，李克强总理在《政府工作报告》中第一次提出"工匠精神"，此后，许多学者陆续将工匠精神作为企业家精神内涵之一。工匠精神是促进企业家带领企业快速发展的动力，是企业家精神新的时代内涵中的核心要素，不仅涵盖了传统经济时代的爱岗奉献、追求卓越、执着敬业的精神，还包含数字经济时代的探索突破、协同合作和创新精神。《意见》中给出了新时代企业家精神应该具备的内涵，涵盖了创新、爱国、担当、诚信等九项内容。此后，学术界对新时代企业家精神内涵展开了研究，研究结果大多认可了《意见》对企业家精神的界定，如创新精神、责任担当精神、诚信精神、爱国精神和奉献精神。李兰等通过对企业家群体进行问卷调查发现，诚实守信的契约精神、敢于担当的责任意识、创造新事物的创新能力、爱岗奉献的敬业精神以及不断进取的学习精神是当前企业家精神的新特点、新内涵。除了政府工作报告、文件和学术研究提到上述内涵外，实践中的企业家也提出了一些观点，进一步丰富了新时代企业家精神的内涵。例如王梓木强调了社会企业家的概念，认为新时代企业家精神的核心是实现社会价值。丁立国提出企业家精神包含家国情怀、勇于创新、诚信守法、承担社会责任和拓宽国际视野。

三、新时代背景下企业家精神的内涵

通过梳理相关研究可以发现，我国企业家精神的研究从最初的学习西方理论，逐渐转变为将西方理论与中国情境相结合，随着时代变化，企业家精神内涵不断得到延伸。但是由于社会文化背景、时代背景和分析视角等方面存在差异，学术界对企业家精神内涵的界定迄今未能达成一致，且缺乏基于动态演进、把握中国情境、融合国际经典内涵且兼顾政企学视角的企业家精神研究。本节认为创新精神、创业精神、学习精神和冒险精神作为稳定要素，始终存在于企业家精神的内涵中，而后来在中国情境下随着时代发展逐渐出现的工匠精神、责任担当精神、遵诚守信、敬业奉献以及爱国精神也都是新时代企业家精神的应有之义。

考虑到上述内涵之间存在的包含与被包含关系，本节最终总结了新时代企业家精神的七种内涵，包括经典内涵中的创新精神、创业精神、学习精神以及时代内涵中的工匠精神、诚信精神、合作精神和责任担当精神。具体来说，创新精神指企业家在经营过程中能够积极发现新领域、创造新技术、生产新产品或创新生产方式、经营方式；创业精神包含对市场新机会的敏感性和承担风险的精神；学习精神强调快速学习新知识的意识和能力；工匠精神则包含精益求精和爱岗敬业的精神内涵；诚信精神是企业家进行商业合作的立足根本，具体指诚信的处事原则和尊重契约的精神；合作精神指在市场竞争中与相关主体（包括雇员、消费者、企业、研发机构等）进行合作的能力；责任担当精神则在社会和国家两个层面分别包含了承担社会责任、追求社会价值、奉献精神以及爱国精神和民族精神。

第六章 新时代大学生劳动教育的条件保障

第一节 劳动教育政策制度保障

中华人民共和国成立以来，伴随着我国教育事业的蓬勃发展，劳动教育逐渐呈现出阶段性的发展势态。劳动教育是实现德智体美劳全面和谐发展的重要途径，在新时代全面素质教育发展过程中，劳动教育被置于重要地位。在此背景下，如何准确地理解和深刻把握劳动教育政策变迁的历史沿革、路径依赖和动力机制，是我国劳动教育发展的一个重要研究课题，对实现劳动教育政策价值目标和提升政策效率具有重要作用。本研究采用历史制度主义的分析视角，以 1949—2020 年间出台的劳动教育政策为蓝本，勾勒出中华人民共和国成立以来我国劳动教育政策的发展脉络，总结归纳我国劳动教育政策变迁逻辑，以期为推进新时代劳动教育改革与发展提供有益借鉴。

一、理论基础与分析框架：历史制度主义

瑟伦等人于 1992 年首次提出历史制度主义的基本概念。历史制度主义在对理性选择制度主义和组织学制度主义的客观批评和良好继承下产生了自己独特的核心思想，将理性选择制度主义的"行动者"和社会学结构主义的"深层结构"相结合，建立了"宏观背景结构—中观制度—微观行动者"的分析框架，核心是将制度变迁放置于历史的发展过程之中，从中观层面的角度出发，将微观层面的行动者活动和由制度深层结构提供的宏观层面联结起来，注重将历史与制度有效结合，重点关注制度在社会历史变迁中如何形成，全面而丰富地展现制度的历史性概况。

历史制度主义的分析框架与我国劳动教育政策的发展特点具有一定的契合性。基于历史制度主义的分析视角，本节总结归纳出我国劳动教育政策变迁的各阶段主要特征，从深层结构、路径依赖和动力机制三方面对其展开分析与阐释，揭示我国劳动教育政策变迁的整体面貌，探讨劳动教育政策变迁的阻力和动力，以深入探索和分析中华人民共和国成立以来我国劳动教育政策的转型方向和选择策略。首先，从宏观背景方面分析影

响我国劳动教育政策变迁的深层结构，主要分析政府决策、社会市场需求等因素对我国劳动教育政策变迁的影响；其次，从中观层面探讨学习效应、协调效应、适应效应以及高昂的运行成本对我国劳动教育政策变迁形成路径依赖的影响；最后，从微观层面分析我国劳动教育政策变迁的主要推动力，基于伯顿·克拉克的"三角协调模式"，主要从政府、市场和学校三大主体的权力博弈中分析我国劳动教育政策变迁的动力。

二、制度勾勒：我国劳动教育政策变迁演进历程

在历史制度主义基础上形成的间断—平衡理论认为，政治过程一般由稳定主义和渐进主义逻辑所驱动，但有时也会出现区别于过去的重大变化，即在政策变迁的过程中，在基本保持稳定的状况下也会出现制度断裂的情形。我国劳动教育政策也曾出现过制度断裂的情况，因此本节对这一时期的劳动教育政策变迁将不做重点阐述。总体而言，根据不同时期的关键节点，本节将我国劳动教育政策的历史演变划分为以下三个阶段。

（一）渐进性制度转换阶段（1949—1976 年）：劳动教育性质由新民主主义转变为社会主义

中华人民共和国成立初期，我国社会从新民主主义社会向社会主义社会转变，劳动教育的性质也从新民主主义转变为社会主义。1949 年，第一次全国教育工作会议提出，教育必须为国家建设服务，学校必须为工农开门。1950 年，《当前教育建设的方针》强调教育要服务工农业、推动生产建设，提出了劳动教育在中小学教育内容中的重要作用。这一政策激发了广大人民群众接受教育的热情。1954 年，《关于高小和初中毕业生从事劳动生产的宣传提纲》指出，体力劳动是一切劳动的基础，鼓励和支持中小学毕业生去从事生产劳动，培养学生的社会主义劳动观，以不断缓解生产领域缺乏劳动力等问题。这些政策文件标志着中华人民共和国劳动教育从新民主主义教育转变为社会主义教育。

从方式来看，政府强调劳动教育不仅要靠宣传和说服，鼓励学生从事生产劳动，更重要的是通过课堂教学方式，教授学生劳动基本技能。1955 年，教育部《关于颁发"小学教学计划"及"关于小学课外活动的规定"的命令》强调把生产劳动作为正式课程，在小学阶段开设"手工劳动"课程，重点关注学生动手能力和创造能力的培养。随后，1956 年，教育部印发了《关于普通学校实施基本生产技术教育的指示（草案）》，提出在中学阶段设置工厂实习、实验园地实习、农业实习等实践课程，将教育与农业、工业生产相结合，以培养学生的劳动观念、劳动情感和劳动技能，为其更好地参加生产劳动做准备。

从内容来看，1955 年以前，从《中学暂行教学计划（草案）》（1950）、《小学暂行

规程（草案）》（1952）、《小学（四二制）教学计划（草案）》（1953）等一系列文件中可以发现，劳动教育主要包括生产劳动、实验实习、家庭内务劳动等，以培养学生的劳动观点和劳动习惯。1955年以后，国家陆续公布了一系列政策文件，积极提倡和组织多元化的劳动教育活动，不断丰富劳动教育的内容。《关于颁发"小学教学计划"及"关于小学课外活动的规定"的命令》提出，开设小学手工劳动课程，紧密结合有关学科的教学活动，培养学生的创造才能。1956年，《关于制发1956—1957学年度中学授课时数表的通知》提出，"初中进行教学工厂和实验园地两种实习，高中进行农业实习、机器学实习和电工实习"。

之后，劳动教育一度成为改造思想的重要途径和方式，内容窄化为单一的体力劳动，出现严重的泛政治化倾向，造成了劳动教育政策在一定程度上的断裂。

（二）探索性制度置换阶段（1977—1997年）：助力现代化建设的劳动教育

1977年，邓小平提出不能简单地用劳动代替劳动教育，劳动教育需要适时适量进行，这表现出劳动教育开始回归正常化。1978年，在全国教育工作会议上，邓小平提出，"教育事业必须同国民经济发展的要求相适应""现代经济和技术的迅速发展，要求教育质量和教育效益的迅速提高，要求我们在教育与生产劳动相结合的内容上、方法上不断有新的发展"。自此，劳动教育政策呈现出助力现代化建设的倾向。

1982年，《教育部关于普通中学开设劳动技术教育课的试行意见》提出，劳动技术教育是中学教育不可缺少的组成部分，在中学开设劳动技术教育课对现代化建设具有重要价值。1987年，《"七五"期间全国教育科学规划要点》首次将劳动教育与德智体美教育并列提出。1995年，《中华人民共和国教育法》进一步规定，"教育必须为社会主义现代化建设而服务"。同年，为促进农村教育现代化的快速发展，国家教育委员会出台了《国家教委关于深入推进农村教育综合改革的意见》，要求农村中小学与劳动课、劳动技术课相结合，以推进农村教育现代化。这些政策文件均表明劳动教育政策从政治化转变为为社会主义现代化建设服务。由此可见，随着改革开放的不断推进，我国对劳动教育政策也进行了不断探索，从政治定向转变为社会主义现代化建设方向。

（三）建构性制度微调阶段（1998年至今）：构建"以人为本"的劳动教育体系

改革开放以来，随着现代化建设的不断深入，我国社会经济发展迅速，劳动力水平得到大幅提高，然而，如何培养高质量、高层次人才仍然是突出的问题。1997年，党的十五大报告提出："认真贯彻党的教育方针，重视受教育者素质的提高，培养德智体等全面发展的社会主义事业的建设者和接班人。"自此，学生的综合素质提升和全面发展成为劳动教育关注的重点和核心。1998 年,《教育部办公厅关于加强普通中学劳动技术教育管理的若干意见》提出,劳动技术教育作为中学教育必不可少的重要组成部分,是全面实施素质教育的重要途径。由此可见,劳动教育的重要地位再一次凸显。

进入 21 世纪后,劳动教育更加强调"以人为本",基于人的发展进行构建。2001 年 6 月,《基础教育课程改革纲要(试行)》明确规定从小学到高中设置综合实践活动,并将其作为必修课,劳动技术教育成为综合实践活动的一个重要组成部分。在实施过程中,劳动教育却处于被忽视的地位。为了切实加强劳动教育,2015 年,教育部、共青团中央和全国少工委出台《关于加强中小学劳动教育的意见》,提出校内、校外和家庭都要承担起学生劳动教育工作的责任。2018 年,习近平总书记指出,"要努力构建德智体美劳全面培养的教育体系",自此,劳动教育被纳入全面发展要求。2020 年,《中共中央国务院关于全面加强新时代大中小学劳动教育的意见》进一步强调,"劳动教育是国民教育体系的重要内容,是学生成长的必要途径,具有树德、增智、强体、育美的综合育人价值"。

总体而言,在这一时期,劳动教育政策逐渐淡化了学生在经济建设中的角色,更加注重学生的综合能力提高和全面发展。这种转变体现出教育对人本身价值的关注和尊重,以不断构建"以人为本"的劳动教育体系。

三、制度阐释:深层结构、路径依赖和动力机制

(一)劳动教育政策变迁的深层结构分析

1. 政府决策在劳动教育政策变迁中发挥主导作用

劳动教育政策的变迁在很大程度上取决于政府决策。政府通过颁布政策、实施合理的政策工具来促使劳动教育政策的变迁,从而实现其政策目标,这些政策工具包括权威工具、学习工具、能力建设工具、象征及规劝工具、激励工具等。权威工具集中体现在劳动教育性质由中华人民共和国成立初期的新民主主义转变为社会主义方向;学习工具主要体现在学校为培养德智体美劳全面发展的人才,从小学到高中设置综合实践活动,并将其设为必修课;能力建设工具体现在随着社会经济的快速发展,国家出台一系列政策开展手工劳动课、工厂实习、农业实习等多样化的劳动教育活动,以教授学生劳动基础知识,培养学生的劳动观点和劳动技能;象征及规劝工具主要是通过一定的价值观来指引政策目标群体的行为,国家基于促进学生全面发展、提高学生综合素质的教育理念来开展劳动教育,以充分发挥劳动教育的综合育人功能;激励工具表现在为帮助学生顺利完成学业,为了让学生掌握一定的专业知识和劳动技能,以实现更好的创业就业,国

家设置了勤工助学等项目。由此可知，政府决策在劳动教育政策变迁中发挥着关键性的主导作用。

2. 社会市场需求在劳动教育政策变迁中主动响应

中华人民共和国成立之初，由于当时国家经济发展水平较低，物资极度匮乏，工农业生产劳动力不足，劳动教育政策仅仅注重体力劳动，让学生掌握一些劳动基础知识和劳动技能，以不断满足国家工农业生产的需要。显而易见，此时的劳动教育发挥着为国家输送工农业生产劳动力的重要作用，劳动教育是为国家需要服务，劳动教育政策呈现出一定的封闭性和单一性。改革开放以后，我国社会经济发展水平不断提高，各行各业紧缺综合型人才，这在一定程度上推动了劳动教育的发展，拓展了劳动教育的内涵。劳动教育开始注重体力劳动与脑力劳动并重，成为提高学生综合素质的重要组成部分，劳动教育政策从注重国家发展需要逐渐转变为注重个体价值的发展。党的十八大以来，我国劳动教育事业迈向全面发展的新时代，对德智体美劳全面发展人才的需求推动劳动教育事业朝着多元化、综合化方向发展。总体来看，社会市场需求的主动响应是我国劳动教育政策变迁的重要推动力量。

（二）劳动教育政策变迁的路径依赖分析

1. 劳动教育政策的学习效应降低了人们对政策变迁的积极性

政策确立后，相关组织机构和人员对政策进行不断重复学习和实践，熟悉并掌握政策规则，使政策得以更加高效、科学地实施，使人们更加认同和接受政策约束；在劳动教育政策实施过程中，长期从事劳动教育改革和发展的组织机构、行政人员以及学校经过深入学习掌握相关政策，能够总结归纳出如何有效地开展劳动教育工作的方案，这种长期的政策运行模式已为相关组织机构、行政人员及学校所习惯和适应，以致很难再去学习和接纳新的政策，降低了人们适应政策变迁的主动性和积极性。

2. 劳动教育政策的协调效应增强了旧政策的稳固性

一项政策出台后，各政策利益相关者为了追求自身利益最大化，会建立一系列与之相互补充和协调的其他正式和非正式政策，共同构建一个共生共荣的利益共同体。在我国劳动教育政策变迁进程中，这些正式政策和非正式政策已经形成了一个相对稳固的利益格局，如果要打破原有的这种利益格局，需要不断增加政策变迁的成本，所以政府、学校、相关人员更容易选择保持原有的政策不变。这种协调效应加固了旧政策的稳定性，增加了政策变迁的难度。

3. 劳动教育政策的适应效应降低了政策变迁的可能性

当政策在协调效应的影响下发挥出良好的作用，取得积极的成效后，政策的利益主体更加倾向于在这种良好的合作中使自己的利益最大化，形成对政策实施结果的适应性效应，产生普遍认同的心理，同时调整自己的行为。中华人民共和国成立以来，劳动教育政策经过长期的制度化过程已逐渐趋于稳定，在一定程度上为国家培养了当时需要的劳动技能技术人才。随着改革开放的不断发展，劳动教育政策进一步扩大了学校的自主权，提高了政策弹性，提高了劳动教育质量和学生综合素质水平，促进了我国经济发展和素质教育发展，已经得到了社会各界的普遍认同。因此，人们对这些政策的适应效应使其倾向于减少大幅度改变政策的可能。

4.劳动教育政策变迁需要高昂的运行成本

中华人民共和国成立以来，为恢复、重建及发展劳动教育，政府通过划拨资金、颁布法律等方式投入了巨大的人力、物力和财力，国家颁布了一系列政策文件并对其进行调整、完善、指导及建议，从而形成了一套高效的劳动教育政策运行机制，人们逐渐习惯了已有的政策框架。随着各项投入的持续增加，政策变迁将需要高昂的运行成本，因此，基于自身利益最大化的考虑，政府更愿意，也更容易维持过去的政策结构和关系。

总体来看，劳动教育政策存在学习效应、协调效应、适应效应及高昂的运行成本四方面的自我巩固机制，使其形成收益递增，阻碍了劳动教育政策变迁的进一步深入，形成了一种路径依赖，阻碍了我国劳动教育政策的变革和发展。

（三）劳动教育政策变迁的动力机制分析

教育政策是在多元主体利益驱动之间产生的，这充分体现了多元主体之间的利益博弈。追求自身利益最大化是制度创新的最终动力，要实现制度均衡，需要实现相关主体之间的博弈平衡。在我国劳动教育政策变迁过程中，博弈主体主要包括政府、市场和学校三者。

回顾和分析中华人民共和国成立70多年来的劳动教育政策变迁历程可以发现，中华人民共和国成立初期，在计划经济体制的影响下，我国劳动教育事业以政府为主导，政府是劳动教育政策的主要供给者，政府的行动决定了劳动教育的发展和变革，主要表现在劳动教育的培养目标、教学设计、课程内容、课时安排等由国家统一计划与配置。以政府为主导的劳动教育政策在提高社会经济发展水平和培养创新型综合性人才方面发挥着重要作用，因此，政府有实力、有能力作为劳动教育政策变迁的重要主体。随着改革开放的不断深入，市场经济体制逐渐代替计划经济体制，政府主导型的劳动教育政策变迁难以适应开放化、多元化、综合化的学校和市场，在一定程度上缺乏普适性、操作性。因此，我国劳动教育政策会呈现出明显的滞后性和被动性，这些亚是我国劳动教育政策变迁过程中的主要负担。

为了弥补上述劳动教育政策变迁上的不足，政府逐步放权以不断提高学校和市场等在劳动教育政策变迁中的话语权，不断满足学校和市场自身的发展需求，但是政府依旧保持主导地位。由此可见，政府、市场、学校三者之间的利益博弈平衡成为推动劳动教育政策朝着更高水平发展的主要动力。

四、制度趋势：我国劳动教育政策的未来展望

（一）我国劳动教育政策变迁的主要特点

通过回顾和分析中华人民共和国成立以来我国劳动教育政策的变迁，笔者可以得出以下结论。

1. 我国劳动教育政策变迁价值取向从注重"经济建设"转变为注重"个体价值"

中华人民共和国成立之初，社会经济发展水平低下，物资极度匮乏，工农业生产劳动力严重不足，劳动教育政策仅仅注重体力劳动，让学生了解和掌握一些劳动知识和劳动技能，以不断满足国家工农业生产的需要，此时的劳动教育政策在价值取向上呈现出鲜明的注重经济建设的特点。改革开放以后，我国经济得到快速发展，各行各业紧缺综合型人才，为此，国家出台了一系列政策文件，提出劳动教育是提升学生综合素质的重要组成部分，突出强调劳动教育要从为国家需要服务转变为注重学生个体的发展。因此，注重个体价值将会是今后劳动教育政策变迁强调的重点和核心。

2. 我国劳动教育政策变迁由强制性政策变迁走向诱致性政策变迁

强制性政策变迁是一种"自上而下"的政策变迁类型，强调的是政府的政策、法律和指令的引进和实行；诱致性政策变迁是一种"自下而上"的政策变迁路径，由个人或群体在满足自身需求时自发倡导、组织和实行。我国的教育事业是在国家统一指导下进行计划、配置和管理的，以前的劳动教育政策变迁主要是根据政府政策、法律及指令进行的，具有强制性政策变迁的特征。但是，随着政治结构和社会经济的发展，在以政府为主导的劳动教育政策变迁过程中，地方和学校被赋予了一定的自主权，不断发挥参与劳动教育政策变迁的积极性和主动性，促进了劳动教育政策的上下联动，推进了劳动教育政策的不断完善和发展。由此可见，我国劳动教育政策变迁呈现出由强制性政策变迁走向诱致性政策变迁的趋势。

（二）我国劳动教育政策变迁的未来展望

在新时代发展背景下，要想有效推进劳动教育政策的转型和发展，具体可以从三个方面着手。

1. 我国劳动教育政策变迁要把握好关键点，突破路径依赖

当劳动教育政策处于无效率的路径中并呈现出不断自我强化的趋势时，将无法开辟新的制度路径，因此，有必要把握好关键点，突破因学习效应、协调效应、适应效应和高昂的运行成本造成的路径依赖，以实现政策创新。为此，各级相关政府要加强对劳动教育政策改革的宣传和培训，促使与劳动教育政策变革和发展相关的组织机构和人员克服惯性，打消利益者对自身利益追求的顾虑，构建更加广泛、更高水平的合作共同体，激发组织人员接受新政策的热情、积极性和主动性。

2. 我国劳动教育政策变迁要促进多元主体利益平衡，推动多元主体合作发展

回顾我国劳动教育政策70多年的演变历程，劳动教育政策变迁的主体由单一的政府转变为政府、市场和学校等多元主体。随着市场、学校以及其他相关利益者的不断加入，多元主体参与是劳动教育变革和发展的必然选择。在今后的劳动教育政策发展过程中，国家要进一步将权力重心下移，赋予地方和学校更多的自主性，不断将市场需求纳入劳动教育发展机制中，加强对社会多元力量的引导与激励，充分发挥社会多元力量在劳动教育政策变迁过程中的自主性和创造性，从而达到多元主体的利益平衡，实现多元主体合作，实现互动、互通发展。

3. 我国劳动教育政策变迁要融合正式政策与非正式政策，缓解内部阻力

首先，要进一步完善劳动教育相关的正式政策，积极建立劳动教育正式政策实施机制，为我国劳动教育发展提供政策保障；同时，要加强对我国劳动教育政策变迁的宣传和培训，让各政策主体把握好劳动教育正式政策变迁的转型方向和深层精髓，确保我国劳动教育政策的有效落实。其次，要加快推进劳动教育非正式政策变迁，积极建设法治文化，培育公民权利与义务意识，以促进劳动教育政策利益相关者在思想上认可劳动教育政策，建立与劳动教育政策相适应的观念和风俗，为我国劳动教育政策变迁营造良好的文化氛围。最后，积极推进劳动教育非正式政策的改革，促使合适的非正式政策正式制度化，缓解劳动教育正式政策与非正式政策的冲突，促进正式政策与非正式政策的融合，为我国劳动教育的发展创造良好的政策环境。

第二节　劳动教育师资队伍保障

中央全面深化改革委员会《关于全面加强新时代大中小学劳动教育的意见》（以下简称《意见》）明确指出："劳动教育是中国特色社会主义教育制度的重要内容。要全面贯彻党的教育方针，坚持立德树人，把劳动教育纳入人才培养全过程，贯通大中小各学

段。"这将劳动教育提升到了一个新的高度，也对劳动教育专业的师资队伍建设提出了更高的要求。因此，用习近平新时代中国特色社会主义思想武装头脑，围绕立足顶层设计、发展平台、教学工作等，完善新时代劳动教育专业师资队伍建设机制具有重要意义。

强化顶层设计，为劳动教育专业的师资队伍提供政策保障。各高校需要贯彻党和国家的教育方针，深入领会《意见》精神，把握育人导向，创新开展劳动教育专业的体制机制，制订符合校情的中长期发展规划，确立短期、中长期发展目标及具体实施步骤，把劳动教育课程列入年度工作计划当中，为教师队伍的发展从政策上提供切实可行的依据。

提升软硬件水平是师资队伍发展的根本保障。从目前开设劳动教育课程的实际情况来看，主要包括硬件投入、软件投入、活动投入。硬件投入包括为教师提供相应的教学设施、场地、相关书籍资料和音像资料等；软件投入包括为教师提供相应的短期培训以及劳动教育学科研究支持、奖励等；活动投入包括将劳动教育相关的活动列入每年的经费预算当中，设立专门的活动经费，确保劳动教育课程的有效开展。此外，要吸引企业以及社会团体的捐赠，建立持续投入和经费单列的运行机制，为劳动教育教学设施设备的日常更新保养和维护提供保障。

细化劳动教育学科教学工作，为教师教学工作提供有力支撑。开展劳动教育，一方面，学校要加强对劳动教育的学科体系建设，从课程安排和课程设计上与其他专业课同向同行，规划相应课时与学分，确保教师和学生有一定的时间可以了解关注劳动教育内容。另一方面应将劳动教育充分纳入通识课体系的建设当中，把通识课内容和第二课堂教育纳入教师教学工作量的统计范围中。充分发挥学校对劳动教育专业的规划、指导作用，为教师教学工作提供有力支撑。

强化实践平台建设，促进教师队伍的横向提升。学校要贯彻落实新时代德智体美劳全面发展的教育方针，要根据人才培养的特点，探索更加有效的途径方式，实现教育与社会实践相结合，主要包括：建立劳动教育研究基地，为专题调研、研究历史、开展研讨提供空间保障；大力推动学校与行业部门、企业、社会共建育人基地；拓宽交流空间，每年选定一批优秀教师到国内外高校进行访问交流。

建立教师资源库，积极做好教师"走出去"和"引进来"工作。运用现代信息技术，创建区域性高校共享型劳动教育专业教师资源库，构筑开放式资源环境，搭建开放型、共享型公共服务平台，整合区域院校劳动教育教师资源以及各种社会人才资源，为教师更新知识结构、丰富教学经验、增强业务能力提供有力支撑。此外，教学方式不能局限在校园内的课堂教学上，还要鼓励劳动教育课堂"走出去"，开展互动交流。

完善教育督导体制建设，保障教师队伍高质量发展。教育督导不仅是提升办学的有效机制，更是促进教师队伍高质量发展的重要抓手。《意见》中明确提出："要深化新时代教育督导体制机制改革，要紧紧围绕确保教育优先发展、落实立德树人根本任务。"目前，各个学校的教育督导机制已经建立起来，但是针对劳动教育学科凸显出来新的学科特点，应该依据《意见》完善教育督导机制，有计划有重点地实施教育督导，强化过程性督导，进一步提升专任教师队伍的专业性建设。

第三节　劳动教育文化环境保障

　　劳动是人类社会实践的主要方式，是创造物质财富和精神财富的重要手段。劳动的开展离不开劳动教育的保障，劳动教育是新时代教育体系的重要组成部分，为塑造新时代劳动形态提供支撑。党的十八大以来，立足世情社情国情党情的深刻变化，围绕劳动和劳动者、劳动观念和劳动形式、劳动精神和劳动实践以及劳动教育的现实状况、存在问题、内在规律等方面进行了系统阐述，强调了劳动教育的重要性，对如何传授劳动知识与技能、形成劳动习惯与氛围、培养劳动意识与观念等进行战略部署，深刻揭示了劳动和劳动教育的必要性，逐渐形成了系统的新时代劳动教育观，包含新时代的劳动教育是什么，为什么要进行劳动教育、怎样进行劳动教育等重要内容。概言之，新时代劳动教育观是对新时代劳动和劳动教育现象、劳动教育主体和内容、劳动教育规律的科学认识和理论总结。

　　深入分析与挖掘新时代劳动教育观的深厚文化底蕴及生成逻辑，有助于更加全面深刻理解其生成动因、演进过程与系统结构。总体来看，对中华优秀传统文化的继承和创新是新时代劳动教育观发展的实践沃土，革命性文化为新时代劳动教育观的发展提供了理论的思想火种，社会主义先进文化赋予了新时代劳动教育观新的时代特色，世界各国多元文化的阐释和弘扬为新时代劳动教育观提供了有益借鉴。新时代劳动教育观开辟了劳动观新境界，为在全社会开展劳动教育提供了行动指南，对坚持立德树人和深化教育改革，传承和弘扬中华民族勤劳、奋斗的优良传统，培育和践行社会主义核心价值观，实现中华民族伟大复兴的中国梦都具有深厚的理论价值和重大现实意义。

一、中华优秀传统文化：新时代劳动教育观的深厚滋养

　　新时代劳动教育观的生成离不开中华优秀传统文化的深厚沃土。中华优秀传统文化是中华民族的根脉和灵魂，是凝聚民族认同的"共同记忆"，是新时代劳动教育观最深

厚的文化滋养和历史基础。中华文明是世界上唯一从未中断的文明形态，中华优秀传统文化作为民族基因已经深刻熔铸进中国化的理论成果之中，新时代劳动教育观作为中国劳动实践相结合的成果，以富有中国特色和民族风格的概念与话语展现着其时代性价值。中国共产党人作为中华优秀传统文化的坚定继承者与创新者，以创造性转化和创新性发展的路径推动了民族文化与时代要求的深入互动，形成了既体现民族风格也体现普遍价值的劳动教育观。新时代劳动教育观就是既有对传统文化中尊重劳动思想的继承，也有对重智轻劳思想的批判。

在传统的中国文化中，中国人民历来重视劳动教育并把劳动作为美德。智慧勤劳的中国人民热爱劳动、自强不息，有许多尊重劳动和劳动教育的传统。远古时期有嫘祖教人养蚕制衣、神农教人耒耜耕作、有巢教民构木为巢等故事传说，推崇生产劳动的教育；春秋战国时期墨家更是尊重劳动和劳动者的思想家代表；两汉时期的统治者重农抑商，采取"与民休息、无为而治"的政策，减轻劳动者负担，关注劳动者权益，为国家稳固奠定了基础；盛世唐宋时期，更加尊重劳动和劳动者，"昼出耕田夜继麻"生动展现了劳动场面，"粒粒皆辛苦"饱含着对珍惜劳动成果的理想。"晨兴理荒秽，戴月荷锄归""忧劳可以兴国，逸豫可以亡身，自然之理也"等许多关于劳动的诗歌和典故，都为新时代劳动教育观提供了历史基础、智力惠泽和充足养料。

古人把"习劳"作为必备品德和第一要义。无论是贵族子弟，还是平民百姓，童蒙初学就要学习洒扫的劳动第一课。朱熹《童蒙须知》中列有"洒扫涓洁"一章。曾国藩在《诫子书》中说："若农夫织妇终岁勤动，以成数石之粟数尺之布，而富贵之家终岁逸乐，不营一业，而食必珍馐，衣必锦绣，酣豢高眠，一呼百诺，此天下最不平之事，鬼神所不许也，其能久乎？古之圣君贤相，盖无时不以勤劳自励。"这种"耕读传家久""习劳则神钦"的优秀传统，在今天的劳动教育方面还比较欠缺。传统文化中"重智轻劳"的现象也广泛存在，"学而优则仕""劳心者治人，劳力者治于人"等观念使传统的教育在与劳动结合中出现了一些冲突情况，造成一些诸如不会劳动、轻视劳动、不珍惜劳动成果等排斥劳动的现象，进而失去对劳动美德的追求和劳动者应有社会地位的尊重，传统文化关于劳动教育的正反两方面的事例与经验、教训，被新时代劳动教育观有选择地进行了继承和批判。

新时代劳动教育观以时代化表达和价值性引导的形式，展现了中华优秀传统文化的当代价值。2013年5月29日，习近平在北京市少年宫参加"快乐童年放飞希望"主题队日活动时希望孩子们"从小就要树立劳动光荣的观念，自己的事自己做，他人的事帮着做，公益的事争着做，通过劳动播种希望、收获果实，也通过劳动磨炼意志、锻炼自己。"劳动不仅是劳动教育的内容，也是思想政治教育的手段，还是"结合新时代建设创新型国家的发展战略需要、培养健康和谐全面发展的人的内在需求，着重加强劳动价值观、劳动精神和创新能力的培养"。在对优秀传统文化继承的价值性引导上，新时代劳动教育观更加重视从孩子抓起，增强对劳动者素质的培养和提升，教育孩子从小树立热爱劳动的意识，以弘扬优秀传统文化。在新时代劳动教育观指引下，全社会应以学校劳动教育为支点，发挥家庭在劳动教育中的基础作用，扣好日常劳动教育的第一粒"扣子"，开辟劳动教育的大课堂，完善社会的支持作用，形成家庭、学校、社会合作育人的劳动教育体系，体现劳动教育的协同性。习近平在 2018 年全国教育大会上强调，"要在学生中弘扬劳动精神，教育引导学生崇尚劳动、尊重劳动，懂得劳动最光荣、劳动最崇高、劳动最伟大、劳动最美丽的道理，长大后能够辛勤劳动、诚实劳动、创造性劳动"，从而将劳动教育提升为党的教育方针，明确了劳动教育的总体目标，提出了培养德智体美劳全面发展的社会主义建设者和接班人的教育任务，擘画了教育现代化的方向蓝图。2020 年 3 月，中共中央、国务院印发《关于全面加强新时代大中小学劳动教育的意见》，明确了全面贯彻党的教育方针的总要求，系统设计和全面部署了大中小学劳动教育，为各级各类学校全面实施和加强劳动教育指明了方向，为新时代劳动教育提供了现实依据。

二、社会主义先进文化：新时代劳动教育观的时代特色

当今世界的发展正面临着百年未有之大变局，中国新的历史方位是中国特色社会主义进入新时代，新兴市场国家和发展中国家群体性崛起势不可挡，劳动和劳动教育观念的基本作用越发彰显。与之相适应的当前社会思潮纷繁复杂，先进和落后的社会思想相互交织、同时并存，不想劳动、不会劳动、不珍惜劳动成果等现象突出，严重影响社会主义建设者和接班人的培养质量。新时代劳动教育观作为新时代劳动教育需求与劳动教育供给之间关系的深刻反映，围绕新时代中国特色社会主义，幸福是奋斗出来的，人民创造历史、劳动开创未来等历史课题，"因时而兴，乘势而变，随时代而行，与时代同频共振"的时代要求，立足新时代中国特色社会主义的伟大实践，在社会主义先进文化的氛围中不断深化与发展。

（一）中国特色社会主义实践提供了新时代劳动教育观的文化场域

社会主义先进文化根植于中国特色社会主义发展和建设的伟大实践之中。解决我国当今的劳动教育问题，必须把劳动教育落实到中国特色社会主义现代化建设的伟大实践中去，切实形成具有鲜明时代适应性和现实回应性的劳动教育体系。劳动精神作为伟大时代精神的生动体现，是社会主义先进文化的重要内容，也是劳动教育及其体系的重要

支撑。弘扬劳动精神，就是一种劳动教育的形式。2014 年 4 月 30 日，习近平在新疆乌鲁木齐接见劳动模范和先进工作者、先进人物代表时强调，"劳动，是共产党人保持政治本色的重要途径，是共产党人保持政治肌体健康的重要手段，也是共产党人发扬优良作风、自觉抵御'四风'的重要保障。"他要求广大党员、干部要带头在各自岗位上勤奋工作、踏实劳动，带头弘扬劳动精神，带头做好劳动教育，增强同劳动人民之间的感情。2016 年 4 月，习近平再次强调"要在全社会大力弘扬劳动精神，提倡通过诚实劳动来实现人生的梦想、改变自己的命运，反对一切不劳而获、投机取巧、贪图享乐的思想"。这种提倡劳动精神、弘扬劳动精神和劳模精神的过程，对全社会来说，就是一种劳动教育的过程。对国家来说，必须"以法律制度形式规定劳动教育主体，明确各主体的责任，建立评价、督导机制，明确劳动教育成绩的使用范围等一系列的制度建构"，同时明确劳动教育更是一种价值理念，以达到"以劳树德、以劳增智、以劳强体、以劳育美"格局，使劳动教育始终与德智体美教育相促进、相融合。既不能以德智体美教育混淆劳动教育，也不能以劳动教育代替德智体美教育。就教育而言，习近平希望把对孩子的劳动教育润物无声地融入中国特色社会主义伟大实践中，"从劳动创造的功能强调对青少年从小进行劳动教育的必要性"，教育孩子从小养成热爱劳动、热爱创造的习惯，从而为祖国培养一代又一代勤于劳动、善于劳动的高素质劳动者，为实现中国特色社会主义现代化注入新鲜血液、增添新生力量。

（二）"幸福是奋斗出来的"铸就了新时代劳动教育观的时代命题

奋斗是社会主义先进文化的主旋律，也是劳动者最美的本色。但是，伴随经济结构和社会结构的深度调整，出现了拜金主义、炫富、享乐主义等现象，有些人对劳动的态度随之发生变化，导致劳动观扭曲，鄙视劳动、侮辱劳动者、劳动成果被大肆挥霍等现象时有出现。基层劳动者收入普遍较低，"劳动者最贫贱""劳动者没出息"等观念日益抬头。显然，作为素质教育重要内容的劳动教育，"在学校中被弱化，在家庭中被软化，在社会中被淡化，在研究中被虚化"，甚至被异化为惩罚人的手段，其独特的育人价值在一定程度上被忽视。对此，习近平指出，"人世间的美好梦想，只有通过诚实劳动才能实现；发展中的各种难题，只有通过诚实劳动才能破解；生命里的一切辉煌，只有通过诚实劳动才能铸就"，高度肯定了劳动的根本性价值，确立了"劳动就是劳动教育的最佳方式"的根本性理念。他强调劳动的平等性和在社会发展中的共同价值性，认为"劳动没有高低贵贱之分，任何一份职业都很光荣。广大劳动群众要立足本职岗位诚实劳动。无论从事什么劳动，都要干一行、爱一行、钻一行"，这就从关于劳动创造了人、也创造了人类社会的观点发展到劳动就是财富的源泉，也是幸福的源泉的认识，进而教育人民必须认识到"劳动是社会的人不可避免的责任",为新时代劳动教育的开展做了思想引航。正如习近平多次强调:"我们所处的时代是催人奋进的伟大时代,我们进行的事业是前无古人的伟大事业。全面建成小康社会,进而建成富强民主文明和谐的社会主义现代化强国,根本上靠劳动、靠劳动者创造。"这种"劳动致富,奋斗幸福"就是劳动教育观的时代命题,也是实现民族复兴的重要前提。

(三)人民群众是新时代劳动教育观的永恒主体

人民群众是社会主义先进文化的创造者,是践行新时代劳动教育观的永恒主体。"以人民为中心"是新时代中国特色社会主义思想的价值取向和夯实执政地位的价值基础,也是新时代劳动教育观的根本立场。在习近平同志看来,劳动人民不仅光荣,而且伟大。列宁说"只有相信人民的人,只有投入生气勃勃的人民创造力泉源中去的人,才能获得胜利并保持政权",习近平继承并发扬了这种人民主体思想,并将其与中国社会主义现代化建设实践紧密结合,深度阐释了新时代劳动教育观的人民主体作用及其价值。社会主义国家的人民和"劳动者是生产资料的主人,这种主人翁地位决定了劳动者之间的平等互助的同志式关系。新的价值观念的主体是:个人作为社会的一分子必须对社会有所作为,有所贡献"。新时代劳动教育观最突出的特征是"尊重人民、尊重劳动、尊重人才",习近平强调,劳动模范是劳动人民中的优秀典型,"他们以高度的主人翁责任感、卓越的劳动创造、忘我的拼搏奉献,为全国各族人民树立了学习的榜样",是坚持中国道路、弘扬中国精神、凝聚中国力量的楷模。尊重劳动、尊重知识和人才,充分信任知识分子,对待知识分子多一些包容、多一些宽容,坚持不抓辫子、不扣帽子、不打棍子,努力为广大知识分子工作学习生活创造更好条件。这都充分体现了习近平对劳动和人才的尊重、对人民的尊重,体现了新时代劳动教育观的核心要旨。

新时代劳动教育观中人民主体作用,还体现在关心劳动者的生活、教育及其素质的提高。习近平总书记始终认为中国共产党人根扎在劳动人民之中,始终坚持群众观点和群众路线。他强调,任何人在任何时候都不能看不起普通劳动者,都不能贪图不劳而获的生活。不仅因为"劳动本身没有高低贵贱之分,所有平凡而辉煌的劳动,都标注着建设者们奋斗的底色",还因为党和国家不断为增加劳动者特别是一线劳动者劳动报酬提供政策支持。社会主义国家要有致力于塑造尊重劳动的环境和氛围的决心与定力,"一切劳动,无论是体力劳动还是脑力劳动,都值得尊重和鼓励;一切创造,无论是个人创造还是集体创造,也都值得尊重和鼓励"。文化本身是劳动人民创造的,新时代劳动教育的核心底蕴离不开实干奋斗的人,离不开高素质劳动者和创造性人才,而且"劳动者的知识和才能积累越多,创造能力就越大",可见劳动者素质对一个国家和民族发展的重要性。习近平还提倡从国家和政府层面"破除妨碍劳动力、人才社会性流动的体制机制弊端，使人人都有通过辛勤劳动实现自身发展的机会……构建和谐劳动关系"。因为"我们的教育事业，既然是劳动人民为实施总任务而进行的斗争一部分，就必须贯穿着劳动教育的精神……也是我们的人民教育与剥削阶级所垄断的旧教育的根本区别之一"。所以，劳动教育是一个根本性的问题，劳动人民依然是新时代劳动教育观的主体和主要依靠。

世界多元文化也为新时代劳动教育观的生成提供了有益借鉴。当今世界是一个文化多样化的世界，世界的开放性发展，在民族国家范围内产生了文化多样和价值多元的现象，为新时代劳动教育观提供了有益借鉴。迄今为止，没有一种文化是在完全封闭的环境中发展起来的，任何文明的产生和发展过程都是一个与其他文明碰撞、交流、融合的过程。全球范围内不同民族、不同文化的共存共荣，意味着某国家的传统文化对其他民族文化的宽容以及必要时的吸收。任何一种文化内部都达到了一定程度的整合，都有某种主导目的和内在结构，多种文化不能在一种伦理的基础上进行比较，它们彼此并无高低、优劣之分，都是不同地域的人们"从生存原料中创造出来的各种和平共存、平等有效的生活模式"。不断竞争的世界多元文化相互激荡，促使社会文化环境发生剧烈变化，这种文化的相对性，对劳动教育有着深刻的影响。新时代劳动教育观正是在吸收借鉴世界其他多元文化关于劳动教育的一切优秀成果的基础上形成的"美人之美、美美与共"新形态。不同文化和文明之间的互学互鉴、共融共生，不仅是对世界上其他文化、文明与传统的借鉴和参考，也是对世界上其他文化和文明之精华的汲取与赏纳。习近平认为，"每一种文明都是美的结晶，都彰显着创造之美。一切美好的事物都是相通的。人们对美好事物的向往，是任何力量都无法阻挡的！各种文明本没有冲突，只是要有欣赏所有文明之美的眼睛"。新时代劳动教育观不仅借鉴融合了这些文化中美好的有益的成分，还对世界多元文化做出了新的贡献。习近平强调，要"在中国共产党坚强领导下，同心同德，开拓进取，用辛勤劳动创造中国人民的美好生活、创造中华民族的美好未来，继续同世界各国人民一道构建人类命运共同体"。这样，新时代劳动教育观不仅吸收了世界多元文化的域外资源，而且具有了面向世界、面向未来的国际视野。

实践证明，新时代劳动教育观把培养全面发展的人作为教育的根本目标，符合新时代的发展趋势和战略要求，研习和丰富了劳动价值理论和劳动教育观，继承和发展了毛泽东等历代中国共产党主要领导人和老一辈无产阶级革命家关于劳动与劳动教育的认识，升华和加深了中国共产党人对劳动本质和劳动教育的看法，是与劳动教育思想、毛泽东劳动理论一脉相承的科学体系。在新时代，从"尊重劳动、尊重劳动者、劳动最光荣、劳动最伟大、劳动最美丽"到"以劳动托起中国梦"，从弘扬劳动精神、劳模精神、工匠精神到"社会主义是干出来的，新时代是干出来的""实干才能梦想成真"的新劳动观念，树立起劳动教育应贯穿教育全过程的价值理念，最终形成"德智体美劳全面培养"的教育体系，体现了新时代劳动教育观的人民立场、教育情怀和劳动情愫，把劳动教育观的认识提升到新高度。

参考文献

[1] 夸美纽斯.大教学论 [M].傅任敢，译.北京：教育科学出版社，1999：24.

[2] 韩秋红，王艳华，庞立生.现代西方哲学概论 [M].北京：北京大学出版社，2010：91-94.

[3] 尼采.看哪这人 [M].北京：中央编译出版社，2001：106.

[4] 班建武."新"劳动教育的内涵特征与实践路径 [J].教育研究，2019（01）：21-26.

[5] 王江松.劳动哲学 [M].北京：人民出版社，2012：50.

[6] 孙正聿.属人的世界 [M].长春：吉林人民出版社，2007：8.

[7] 帕斯卡尔.思想录 [M].何兆武，译.北京：商务印书馆，1986：7.

[8] 李珂.嬗变与审视：劳动教育的历史逻辑与现实重构 [M].北京：社会科学文献出版社，2019：220.

[9] 黑格尔.小逻辑 [M].北京：商务印书馆，1980：36.

[10] 瞿葆奎，雷尧珠，余光，黄荣昌.中国教育改革 [M].北京：人民教育出版社，1991：250.

[11] 梁启超.中国近三百年学术史 [M].北京：北京人民出版社，2008：124-125.

[12] 张烁.在学生中弘扬劳动精神 [N].人民日报，2020-04-02（05）.

[13] 黄琼.新时代加强劳动教育的价值与实现路径 [N].中国教育报，2020-04-14（08）.

[14] 陈宝生.全面贯彻党的教育方针，大力加强新时代劳动教育 [N].人民日报，2020-03-30（12）.

[15] 姜大源.刍议新时代劳动教育的时空构建 [J].国家教育行政学院学报，2020（06）：45.

[16] 张卓玉.对劳动教育体制机制建设的思考 [N].中国教育报，2020-04-01（12）.

[17] 汪洋.在动手动脑中培养时代新人 [N].中国教育报，2020-04-01（12）.

[18] 王福强.为师生赋能：魅力校园的构建智慧 [M].上海：华东师范大学出版社，

2020：113.

　　[19] 王国维.论教育之宗旨 [J].济南汇报，1903（32）：5-6.

　　[20] 苏霍姆林斯基.苏霍姆林斯基选集（第 1 卷）[M].北京：教育科学出版社，2001：104.

　　[21] 习近平在乌鲁木齐接见劳动模范和先进工作者、先进人物代表[N].人民日报，2014-05-01（01）.

　　[22] 郭立场.让劳动教育塑造年青一代美好未来 [J].重庆与世界，2018（20）：6-7.

　　[23] 王洪贵.立德树人视野下劳动教育的功能定位及实践 [J].教育理论与实践，2020，40（26）：8-11.